U0693052

企业高管团队内耗及调适研究

阮云胜◎著

中国原子能出版社

图书在版编目（CIP）数据

企业高管团队内耗及调适研究 / 阮云胜著. --北京：
中国原子能出版社，2024.5

ISBN 978-7-5221-2197-0

Ⅰ．①企⋯ Ⅱ．①阮⋯ Ⅲ．①企业管理–研究 Ⅳ.
①F272

中国国家版本馆 CIP 数据核字（2024）第 055663 号

企业高管团队内耗及调适研究

出版发行	中国原子能出版社（北京市海淀区阜成路 43 号　　100048）	
责任编辑	张　磊	
责任印制	赵　明	
印　　刷	北京九州迅驰传媒文化有限公司	
经　　销	全国新华书店	
开　　本	787 mm×1092 mm　1/16	
印　　张	10.75	
字　　数	262 千字	
版　　次	2024 年 5 月第 1 版　2024 年 5 月第 1 次印刷	
书　　号	ISBN 978-7-5221-2197-0	**定　价　68.00 元**

联系电话：**010-88821568**　　　　　　　　版权所有　侵权必究

作者简介

　　阮云胜，男，1982 年 7 月出生，毕业于华中科技大学管理学院，管理学硕士。现就职于周口师范学院经济与管理学院，主要从事《生产运营管理》《国际贸易学》等课程的教学、专业建设和企业管理相关学术研究工作，省级精品在线开放课程主持人。就职期间发表专业论文 9 篇，其中 SSCI 论文 1 篇，国内核心 1 篇；主持省部级课题 2 项，市厅级课题 4 项，校级课题 7 项，参与省部级及市厅级等课题 11 项；主持的项目荣获周口市哲学社会科学优秀调研成果奖一等奖一项，河南省社科联优秀调研成果奖二等奖一项。

前　言

就当今社会而言，企业中最不乏"内耗"现象，且其危害是不可估量的，轻则影响企业团队协作，重则导致企业内部人心涣散，毫无纪律，斗志缺失，在这种极限拉扯之中，企业生产效率不断下滑，经济效益也不断下降，最终整个企业都会徘徊不前甚至走下坡路。而关于企业"内耗"的成因是多方面的，政治、经济、历史发展以及企业制度，此外个人道德素质、文化素养、心理状态等也是"内耗"滋生的一大原因。

鉴于此，通过不断调查与研究，撰写了《企业高管团队内耗及调适研究》。本书首先介绍了企业高管内耗概论，包括企业高管内耗的理论依据以及危害；接着剖析了企业高管内耗的表现与原因；然后进一步阐释企业高管内耗的类型，主要包括普通型内耗、国有企业"三栖型"内耗以及特殊性内耗等；又从纵深层面，剖析了企业常见内耗的机理分析及测度，主要涉及企业分配过程中的内耗生成机理、企业价值链形成过程中的内耗机理及测度、企业人力资源配置过程中的内耗机理及测度；然后探究出了企业高管团队内耗的规避路径，主要包含以下四点，即树立科学的发展导向、优化高管团队的结构、严格化的制度与管理强化、关注团队人文情怀；并适时提出关于企业高管团队内耗的调适策略，主要从以下几个方面入手，即打破部门壁垒，实现高产、建立共同愿景，组织内部协调一致、简化组织流程设计，适当放权、信息公开透明，降低沟通成本、企业高层提升自我修养与自我管理能力。

通过多途径研究可以知晓，影响企业内部发展的行为都可定义为内耗，或者可以说，一切对企业发展不利的因素都是企业不能创造价值的"无价值行为"，这些行为不断消耗企业内部的资源与能量，却无法给企业带来相对应的价值。然而，很多时候广义化的内耗行为并不能完全被发现并及时消除。这时，企业需要做的重点关注的是将不能创造价值，反而不断阻碍企业发展和创造价值的内耗行为，而内斗便是最明显的表现形式。但无论企业内耗危害多大，一个企业想要健康长久存在，都必须将发展放在首位，而不是一味阻碍内耗的出现。就像美国某著名管理学家所提，真正的错误是害怕犯错误，这放在企业中同样适用，即企业最大的内耗也是害怕内耗，进而故步自封，难以自拔。在企业中，尤其是高管团队非常需要这样打破内耗，协力前行的精神。总之，为了企业未来能够更好发展，需要企业高管团队齐心协力，在面对内耗时尽可能避免产生更多矛盾，要多沟通交流，不能因一己私利或个人内心虚荣等释放更多不利于企业发展的内耗因子，如此，企业才能健康持久发展。

在撰写过程中，参考和引用了部分专家、学者的研究资料和成果，在此表示最诚挚的感谢。由于时间仓促，加之能力有限，书中难免会有不妥之处，敬请广大读者予以指正。

阮云胜

2024 年 2 月

目　录

绪　论

第一节　研究动因及背景

内耗，换言之便是"窝里斗"现象，企业资源与活力在内耗作用下被不断消耗，进而影响到企业的效率与效益，更有甚者会威胁到企业的生存与前景发展。想要剔除"内耗毒瘤"，就要知晓前因，对此进行分析，对症下药。

一、内耗者画像

（一）内耗四大特性

首先是"阴"，即保密，不公开状态。譬如，在公共场合，人人皆是友爱同事，抑或好友，称兄道弟，满面堆笑，氛围相当融洽；背过身，部分人便会露出狰狞面目，磨刀霍霍，冷枪暗箭接连发射，防不胜防。总而言之，就是戴着面具共舞，人前笑脸，人后鬼脸。其次是"软"，即不硬来，绵里藏针。无论当面挑衅，还是硬来，其实都能调动当事人警惕性，也能引起旁人的关注，在人后扮鬼脸就让当事人防不胜防。譬如，一个人惯用"软刀子"，在无形中给对方带来暴击，当事人发现已为时已晚，无力反击。再者就是"小"，以不起眼小动作，譬如打小报告、闹矛盾、整出摩擦等打击所谓的对手。听起来虽是微不足道的小事，但依旧能够给当事人带来心理和情绪上的打击，如此积少成多，后果将非常严重。然而，由于矛盾因子过于微小，当事人不好兴师动众，只能默默忍受。最后，"粘"，像牛皮糖无休止缠上当事人。这也是内部斗争的特征。外部斗争，大都敌我分明，一战结束，胜负输赢还是讲和，都会有定论，内耗则不同，在所谓对手跟前没完没了释放"炸弹"。

易中天先生对此表明，以上特征正是内耗的可怕之处。没有"阴"，便可光明正大出手还击；没有"软"，便可毅然决然动手；没有"小"，可以痛痛快快对战；没有"粘"，可及时退一步海阔天空。遇到内耗，找不到对手，无法下定决心还击，也不能痛快对决，只能压抑内心情绪，备受对方折磨。

（二）内耗者四大特性

其一，他们总是掩饰自己，内心深处潜藏着不为外界所知的秘密，但他们的言辞却充满了温柔和感染力，他们把自身的利益放在首位，但又表现得极为高尚和善良。

其二，自以为是。这些人总是满怀自信地认为自己拥有完全正确的观点，他们会把一些看似不重要的事情提升到一个更高的层次，甚至会把一些看似不重要的事情也纳入原则之中，并且把自己打扮成一个坚定的捍卫者，用"大旗"来威慑他人。

其三，心胸过于狭窄。这类人对于别人的进步和发展感到极度反感，他们希望别人能够取得更大的成就，但是当别人取得了更大的成就时，他们却会感到沮丧和失望。当他们看到别人的优点时，他们会感到不满，甚至会不自觉地攻击比他们更强的人，比如挖苦、传播不道德的消息，甚至做出匿名诬陷，即使他们最终也无法把别人赶走，也要暗中踢一脚。

其四，喜欢搞小团体，即拉帮结派。这些人通常隐藏在内部矛盾激烈的企业中，他们的势力范围广泛，内部派系斗争激烈。一些人会通过"头头挂帅"组织一帮人来进行内部斗争，而其他人则会在头领的暗中支持下，互相攻击，搞一些小动作。有些人甚至会利用自己的权力来欺骗他人。

就像人们将内部矛盾称为"小人"，那些热衷于搞阴谋诡计的人也被称为"小人"。"小人"的两大特点是：首先，他们的心态不正，走上了邪恶的道路；其次，他们的内心不善，做出了不正当的行为。作为小人，他们在行事上总是不择手段，喜欢利用邪恶的手段来达到自己的目的，而且，他们还会在日常生活中制造谣言、谄媚奉承、阴险狡诈、挑拨离间、暗中捣乱等，这些都是他们的惯用伎俩。在待人处世方面，这类人更是有着多张面孔，两面三刀、虚情假意、投机钻营、欺上瞒下、为利益不择手段等。虽然有些人倾向于把自己的私欲放到首位，但大多数的内部矛盾，特别是那些有害的，都是来源于那些卑鄙的、贪婪的、只关注眼前利害的小人。内部矛盾的破坏力无可置疑，一个人若被困于一个充斥着猜忌、防范、嫉妒、诽谤、派别林立、相互拆台、以权压人、倚势欺人的环境之下，他的思想和行为将受到极大的影响，最终可能导致他的行为出现极端的偏差和偏离。由于过度的内部活动，最终的后果可能不仅仅局限于"两面派"，而且还可能导致"精神病"，这将使得个体的心理压力增大，精神状态受到极大的影响。

二、内耗追源

在我国几千年的传统思想文化中，对国人产生重要影响的文化为：儒家中庸之道，道家无为而治，佛家出世。我国传统文化自开始便讲求天人合一、集体主义、以人为本、以和为贵等。关于我国的管理哲学，也再三强调"盛德大业"与"内圣外王"因果逻辑，主要通过"格物致知、诚意、修身、齐家、治国、平天下"等途径得以实现。在管理次序上讲求先修行个人而后安人。在为政道路上讲求三点：明德、亲民、止于至善。在我国传统化管理中，最忌讳的便是冲突，讲求"和"，最终目标是稳定。如果仅站在文化角度而言，痴迷窝里斗的不该是国人，而是更符合突出个人作用，提倡竞争意识的西方国家。

如果换个角度，从人之本性而言，我国传统文化的熏陶反而成了窝里斗的根源所在。究其原因，每个人都有利益诉求、意见表达以及情感宣泄等最基本的诉求，西方人个性张扬，惯于用公开竞争或者冲突来解决问题；国人大都内敛，会选择避开竞争与冲突，选择内耗，也就是"窝里斗"方式解决一些问题。不可否认，部分人也期待用公平竞争与冲突的方式，但这一系列做法势必遭到领导、同事及身边友人的劝解与指责，执意如此，后果将不堪设想。你想通过竞争实现目标，但完整而公平的竞争机制尚未形成，缺乏时机，即便参加竞争，结果也未必是公平公正的。无奈之下，这部分人只有两条路可走：彻底放弃；或者选择内耗。

除却以上因素外，我国传统文化中内含的负面效应也成了内耗加剧的主要因子。

第一，小农经济导致出现"彼亏我盈"的封闭式思维。这种思维方式的最大缺陷便是，将一个人的视野与发展局限于很小的组织内部去计算得失利弊。譬如，用封闭式思维看待一个单位，最高领导只有一个，觊觎该位置的人相互争斗，其结果便是工作没做好，上级外派一人来坐这个位置。如果以开放式思维发展一个单位，一把手尽管只有一个，但同事之间齐心协力，将业绩提上去，整个团队素质得到很好展示，上级看在眼里，自然会在这中间选一个或几个人到新单位担任领导职务，上级也会根据业务发展，派生出新的工作职位，让每个人都有发展自己的空间。此外，受决定平均主义的价值取向的影响，人们惧怕和排斥人与人之间的利益差别。比起机会均等，过程公平，将结果均等放在重要位置，否定竞争，其实现途径便是通过对强者进行打击而实现一致。

第二，更替管理者的制度安排不到位，"彼胜我败"的斗争意识被过度强化。我国近代企业发展历程中，依旧是对传统"盛德大业"及"内圣外王"实现之道的延续。在我国传统管理之道中，根据"内圣"原理，出现了禅让制，即圣贤人选择圣贤人接力，进而推动管理基业长盛不衰。在这样的管理模式下，如果管理者个人修养品德与认知格局受限，不愿依据传统禅让，管理者的有效更迭便成为一抹泡影。遇到这种情况，无奈之举只能"造反"。"开明禅让"这一方式并没有明确的规章制度限制，个体只能根据自身条件取悦管理者，内耗便出现了。而造反的后果也十分严重，两败俱伤的基础上将进一步强化斗争意识。

第三，"官本位"的价值取向，使人们对权力的贪婪和角逐得到进一步强化。在传统体制中，权力往往是人们第一追求的东西。在权力有限、趋者众多，又缺乏公平的竞争机制和明确的游戏规则的情况下，参与角逐者使用的手段往往就是尔虞我诈、勾心斗角、拉帮结派、借力打力；平级之间明争暗斗、极力靠近权力中心，想方设法把竞争者挤出局外；下级对上级则阳奉阴违，结盟抗上；上级对下级往往是分而治之，拉左打右，然后再扶右抑左。其驾驭下属的法则是：今天让张三得势，以削弱李四的羽翼；明天让李四东山再起，以打击张三的势头，这样可使自己稳居判决地位，谁都得围着你转。虽然内耗可能损失许多整体利益，但可保证其权力稳固。"权力"意识催生"权谋"手段。而权谋的应用，必然会导致更多的内耗。追求权力的观念与商品市场格格不入。权力观核心是等级服从，市场观核心是服务客户；权力观追求的结果是等级的高低，市场观追求的是利润的多少；权力观讲究的是不择手段，市场观讲究的是游戏规则；权力观注重上级的态度，市场观注重顾客的态度；权力观的竞争力是帮派体系，市场观的竞争力是价值链。如果最高管理者不能适应市场而转变观念，两种价值观的冲突必然会使内耗进一步加剧。

第四，"重人治、轻法治"加重了组织管理的无序度，其要害在于对制度的蔑视。我国传统管理的缺陷，把管理人与管理组织混作一谈，也就出现了这样的企业用语，"管企业就等于管人"。其实，这两者完全不能画等号。孙景华先生曾指出，当我们将管理客体视作一个组织，管理就变得公开公平，成为一视同仁的制度化管理；当我们将管理客体视作"人"，每个人都具有特殊性、个性，管理变成了针对个体的人情化管理。

我国传统化的管理，涉及的传统文化也是多样的，即儒家间既法家互补，又不乏兵家权谋的一种管理文化。其中管理之本离不开儒家道德人格理想，法家手段主要用于规范、约束以及调节个人行为，在日常管理中，也处处透着兵家的随机应变以及权谋智慧。总之，这一整套管理体系的基本要素就是基于血缘的泛化了的伦理道德和实用理性的中国式智慧：以协调、和谐、中庸为价值取向。在没有外部竞争的封闭系统中，这种管理方式无疑是非常有效的。但在开放的市场竞争环境中，其缺乏竞争力的弊端就凸显出来了。

第五，"出人头地，光耀门楣"及"成王败寇"的固有观念，使部分人为达目的而不择手段。我国大部分企业中都普遍存在一些非正式组织。由于某种利益的需要，以血缘、同族或者同乡等特殊关系无形中形成的特殊群体。管理者在进行干部提拔时，并不单单依照组织目标的需要、业绩以及能力，首要考虑的反而是对自己的忠诚度，借此强化自己在组织中的势力与权威。站在被提拔者的角度而言，他会默认自己是该领导的人，当被提拔者在这样的"规则"中再次受到提拔时，环状裙带关系由此形成。一旦某个特殊群体遭遇利益侵害时，这个群体便会采取一些极端手段，譬如散播谣言，消极怠工，无形抵抗等，内耗由此出现。然而，鉴于这个非正式组织存在无形性与隐蔽性，想要快速解决问题就变得十分困难。

第六，"爱面子、重关系"的固化思维，导致简单问题复杂化。在民众的日常生活当中，面子、人情和关系是影响其行为的重要因素。所谓"面子"，是一种由于个人表现出来的形象而导致的能不能被他人看得起的心理和行为。正是由于对面子的敏感，不愿意用公开的直接的方式去表达自己的利益、意见和情感，长期积压，最后只能通过内耗将其无限释放。这使得内耗在中国人群中具有普遍性和复杂性，即不仅仅是所谓的"小人"在制造内耗，那些普通人甚至是品质好的人，也会在无可奈何的情况之下，自觉或不自觉地制造并参与内耗。在工作中，出现分析、矛盾和冲突是正常的，然而一旦转化为人际关系，就会情绪化，由对事转为对人，因而小题大做、节外生枝，使内耗加剧。

三、国企内耗追源

不管是普通企业，还是国有企业，都存在内耗，而且国有企业内部的权力斗争更为严重。究其原因，除却我国传统文化带来一些负面效应之外，国有企业自身特征与相关制度安排存在缺陷也是不可忽视的点。

（一）治理结构

关于国有企业法人治理结构，主要存在两个方面的问题。其一，企业总经理实质上并不是由董事会选聘，而是与董事长一样，由上级管理机构进行任命或者"推荐"，董事会与总经理之间实际上并不存在所谓的委托代理关系。政府的"推荐"以及任命，暗含了直接责任关系。其二，董事长与总经理并不能形成制度模式所呈现出的关系准则。事实上，总经理的任命不是个例，国有企业几乎所有副职都是通过政府部门进行确定的。换言之，领导阶层多是由上级部门确定，相互之间难免出现明显或者隐晦的较劲与矛盾。

（二）权力系统

在国有企业里，有两套截然相反的权力结构：一套以法律规定为基础的体制性结构，它以规范的程序和规则来约束员工；另一套则以利益驱动的方式来建立和维护社会秩序。因此，当员工们被要求遵守某些规定时，他们就会面临一些棘手的抉择：他们应当如何选择自己的忠诚，以及如何与领导相处。当公司的愿景和员工的个人愿景出现冲突，而且上级和员工的观点有所不一致的时候,员工就面临一种双重的困境:一方面,他们要忠于上级,另一方面,他们也要报答上级的恩惠。随着越来越多的员工开始把对公司的忠心和对个人的尊重放到首位,越来越多的公司开始实行分权制度,以便形成更加有效的管理结构,而不是像以前那样,存在着诸侯分立、各自为政的局面。

（三）监管体系

国有企业现行监管体系的突出特点是监控成本与监控效率成反比,即前者成本高,而后者效率过低。在花国家钱无人心痛的情况下,为了实现有效监管,必然会设置尽可能"完善"的监督体制。政府不仅要委托经理人,还要委托董事以及董事长。为了实现对董事长的监督,必须委托监事会。为了对董事长、监事会主席以及总经理进行监督,必须设置相应的政府部门来管理。总而言之,为了实现全方位监控企业,必将设置更多的监督机构。事实上,我国企业的监事会制度是以德国企业制度为范本,但德国企业没有董事会;独立董事是以美国企业管理为范本,但美国企业没有监事会;财务总监主要以中国香港企业管理为范本,但在香港企业中很少有全职的董事。国有企业几乎囊括了世界上所有的监控手段,加上我国特有的纪检、监察、职代会等,形成了全世界最多、最全的企业监督机构。但这种机构设计恰恰违背管理学上的一个基本定律:当一个组织出现状况后,不是由某个机构或个人来负责,那就意味着可以谁都不负责,其结果必然是人浮于事,相互推诿。譬如,深圳市六大国有企业中,有五位"一把手"被拘捕,足以说明这一点。

（四）产权安排

张维迎先生在《企业组织与内部的权力斗争》一书中深入探讨了国有企业的内部矛盾,他认为,这种矛盾的本质可以归结为权力的争夺。然而,这种制度也存在一定的缺陷,即把一个具体的经营实体变成一个复杂的政治结构,这样一来,员工的工作热情便会被迫放弃,以致无法发挥最大的效能。权力之间的角逐可谓千变万化，从暗中搜寻敌对势力的证据，以及通过匿名的形式发表抗议，到利用腐败和欺诈来获取利益，再到利用职务关系和地位来压制他们，各种各样的策略和技巧都在其中。在权力竞争中，通常会有优秀的一方战胜劣势的一方，许多公司因为内部的权力冲突而陷入困境。

四、内耗、冲突与领导

关于内耗、冲突与领导，这三者之间相互缠绕，人们早已司空见惯，并不觉得陌生。然而，到目前为止，并没有人对此从理论上进行相对完整的表述以及较为深刻的揭示。很多时候，大部分人会默认领导冲突是一件绝对的坏事，堪称领导活动中的一项败绩。在普遍认知中，将领导冲突理解为抵制与斗争，是一种极其消极的因子，迫切希望这类事件能够避免或者得到阻止，并没有人将领导冲突分析为在一定条件下能够成功解决某个问题的强有力手段。部分人也会把领导冲突等视作平衡的对立面，这相当于将领导冲突与领导关系不平衡因子画上了等号。当然，也有部分人一味强调领导冲突过于直接与公开，完全否认了其可能存在一定的隐蔽性与潜在性。这一系列"认知"都能够说明，关于内耗、冲突与领导之间的相互关系，需要进行科学化表述以及界定。具体可从以下几个方面进行阐释：

（一）领导者关于自我冲突

关于领导者自我冲突这点，主要表现在两个点：一是指的领导者在发挥领导作用、实施领导职责时出现自相矛盾的情况；另一点指的是领导者头脑内部就思维方式、思想观念等发生冲突与相互斗争。无论是哪种表现，都体现了作为领导者，其自身在思想觉悟、自我认知以及思维方式上都在进行自我调整。

众所周知，领导者属于社会实践的产物，其只有与社会环境相融合，才能够得到更好的生存与发展。换言之，在当今社会中，领导者之所以被选聘出来担任某个职位，一方面是因为其自身能力出众，特别是在某个方面占据优势，即社会需要这样的人；另一方面，既被推选为某领导，坐在了这个位子上，就必须跟随社会环境的变化，不断完善并更新自我，让自己主动适应社会的需要。这种为使自己适应社会需要，而不断进行自我调整和更新，就是领导者的自我冲突展开和实现的过程。

（二）领导者之间相互冲突

领导者之间的冲突，指的主要是领导者群体，因思想观念、认知方式等存在不同，从而引发彼此之间的对立与斗争，并且这样的冲突是不可避免的。

其实，无论矛盾、冲突，抑或对立与斗争，都是普遍存在的，只是因为其性质有所差别，导致它们的表现形式也不尽相同。领导者群体中各个成员间也是如此。就我国社会的实际情况而言，领导者之间在根本利益以及根本目标方面存在一致性。尽管他们在冲突的性质、程度以及范围等方面，与旧制度下官员之间的冲突存在根本性区别，但不可否认这类冲突是客观存在的，并且不以人的主观意志为转移。毛泽东曾说过，人的思想观念的每一差异都是矛盾。差异就是矛盾，而矛盾就是冲突，也可以说是引发冲突。因此，对于我国权力机构中，领导者之间冲突存在的这种客观性和必然性，我们必须给以充分认识、坚决承认、正确对待。

（三）上级与下级之间相互冲突

上级与下级之间的冲突主要表现在两个方面。一方面主要指的是领导者在实施领导行为过程中，与上级领导发布的指示或者意见存在分歧，抑或发现上级领导发布的指令与实际情况存在矛盾，需要进行纠正；另一方面主要指的是领导者与其下属之间存在矛盾冲突。上级与下级之间本就是矛盾体，他们之间存在矛盾冲突，也是不可避免的事情。

总体言之，领导冲突主要包括这几个要素：第一，它是领导者在进行领导行为过程中产生的现象；第二，产生冲突的主要因子是角色不同、利益不同、权力分配不同，以及心理因素等；第三，它以领导实践中人们之间、团体之间以及个人与团体之间相互关系为中介；第四，领导之间冲突具有碰撞、僵持或激烈等一系列表现形式。

领导活动一般表现为两种状态：相对平静的状态和显著冲突的状态。这两种状态都是由领导活动的内在矛盾和斗争所引起的。领导过程就是不断地由第一种状态转化为第二种状态，并经过第二种状态而达到矛盾的解决或部分缓和这样一个循环往复、由低到高的无限过程。因此，我们可以说，领导冲突是领导活动内在矛盾的特殊产物和表现形式。

第二节　研究目的及意义

19 世纪初期，安德鲁·尤尔深入探究并尝试解决当时的工业生产、运营、组织等领域的矛盾，最终形成了他的和谐管理思想。而 20 世纪 80 年代，这种思想由席酉民教授首次引入，并得到了全球范围的认可与推崇。随着时代的发展，尤其是面临越来越高的不确定性，传统的管理模式面临着巨大的考验。因此，和谐理论的概念及其相关的管理思想越来越受到重视，它的理论与应用都具备重要的意义。作为一种全新的管理模式，和谐管理旨在帮助企业通过分析内部与外部的因素，来达到自身的发展目标，并且能够更好地适应当今的市场环境，从而达到更高的效率与绩效。采用有效的协调管理方式，有效地调整企业资源，促进内部与外部的协调，从而有效降低企业在发展进程中可能面临的各种不稳定因素。

五千年来，中国悠久的历史沉淀了丰富的和谐理念。借鉴这些理念，我们可以更好地理解并拓展当前的管理理论体系，从而更好地面临管理实践中的复杂情况,并且提升我们的管理水平。这不仅是一个理论上的探索,也是一个现实的需求。

一、传统文化和谐思想下企业相关理论：阐释与机制

（一）确立和谐相关主题：和实生物、同则不继

企业的可持续发展必须以明确的战略目标为基础,根据其所处的时代背景,制定出适当的管理政策,以应对各种复杂的环境变化,并有效地实施与之相对应的管理措施,以形成一个完整的、有效的企业管理体系。若没有明确的发展目标,没有充分利用各种资源,没有及时调整策略,没有有效地应对复杂的市场变化,将会成为"同则不继"的核心,因此,企业应该把握好各种资源,并有效地利用它们,以达到最佳的经济效益。只有通过深入分析当前的市场状况,并充分利用现有的资源,才能够建构出一个健康的、可持续的、符合社会共同利益的企业,从而达到达成共同的发展目标,并在此过程中形成一个完整的、可持续的、和谐的主题化社会企业（如图1所示）。

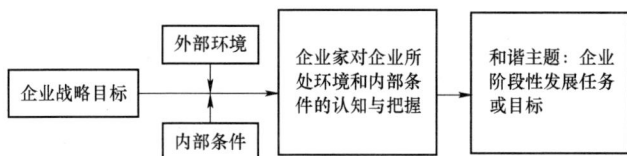

图 1　企业和谐主题的选择与确立

（二）企业管理系统和谐机制解析：知和曰常与知常曰明

按照和谐管理理论,企业的管理系统通常由两部分组成：一部分是激励机制,如企业文化,旨在引导员工达到或维持企业期望的行为；另一部分是谐则机制,它是基于对现有制度、结构和运营流程的优化设计,旨在提升企业的整体效率。企业组织管理系统的分析旨在深入探究企业的文

化、激励机制、工作环境等因素，并通过优化设计、运用各种管理工具和方法来实现其目标。通过对这些因素的综合评估，可以更好地了解企业的发展目标，并确保它们之间的协同合作。要想让企业发展得更好，就必须对管理系统中的体系或机制进行分析，以确保它们能够达到和谐平衡的状态。"知和曰常"指出，只有通过深入研究，才能掌握如何实现和谐状态；"知常曰明"则指出，只有通过不断改进，才能为提升企业管理绩效打下坚实的基础（如图 2 所示）。

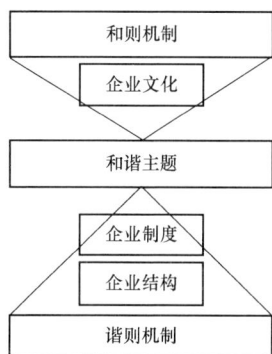

图 2　企业管理系统

（三）企业和则机制与谐则机制构建与耦合：万物得和以生

和谐管理的核心在于创造一个有利于企业员工的环境，以促进团队的协作。它应该从两个方面进行：一个是促进企业员工的个人发展，另一个是促进团队的凝聚力。两个方面的相互作用能够帮助企业员工更好地适应环境，从而提高工作绩效。实际上，和与谐并非孤立的两个概念，而是互为补充的，就像阴、阳，刚、柔，它们互为补充，形成了一个完整的"系统"。而达到和的效果，取决于和的机制以及和谐的机制，它们还包括企业文化、企业激励、企业制度、企业结构、企业流程等，它们的协调性，使得整个企业的运营更加顺畅，更加高效。每个人都应该遵循它们的原则，以便在一个和谐的环境中相互协作，从而使这个整体都获益，这样，整个公司就能够顺利地进入发展的轨道（如图 3 所示）。

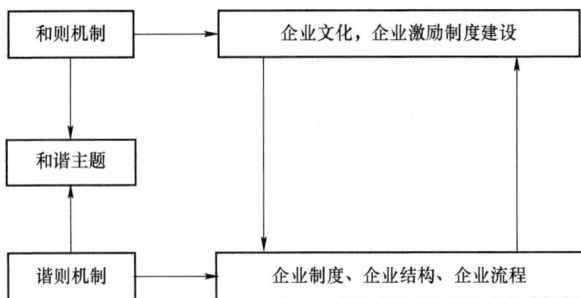

图3　和则机制与谐则机制的构建与耦合

（四）和谐主题实现：和成百物

据企业和谐管理理论可以得知,企业的管理活动应该处在一个持续变革的状态,而非停留在一个固定不前的水平。这种观点与传统的管理学观点大相径庭,它强调了在变革的过程中,要深入探索企业的各个层面,发现问题并努力寻求解决方案,从而达到最佳效果。通过对管理系统的全面考量,和谐管理可以帮助我们找出有效的解决办法,从而提升效率。因此,我们需要建立一个完善的、有效的、协调的管理框架,并且要清晰地定义出企业的和谐主旨,制定出可持续的、可行的、可实际操作的企业发展战略,从而达成企业有效的经营结果。经过重新组织,我们将重新设计中小企业的组织架构,并创造一种新的公司文化。如此一来,我们就能够创造出一个更加健全的企业体系,并使中小企业的所有组织元素都能够协同工作,从而使中小企业的运营更加顺利。长此下去,我们就能够实现"帕累托最优状态"中的和谐理念,并为中小企业的未来发展打下扎实的发展基石（如图4所示）。

二、在企业管理实践中和谐理论的具体运用

和谐管理理论源远流长,不仅融入了传统文化中的和谐思想,也与当今社会的发展趋势相一致,它不仅满足了当下复杂多变的网络环境下企业

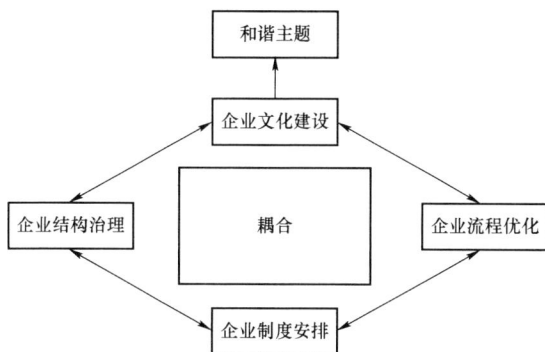

图 4　和谐主题的实现

管理实践的需求，而且还拥有极强的发展潜力。按照和谐管理的原则，企业组织必须建立良好的内外部关系，以便使其自身的发展与外部环境的变化保持一致，从而实现企业的可持续发展。因此，企业应当积极采用和谐理念，努力提升自身素质，以期在和谐的氛围中实现可持续的发展。

（一）定义和谐主题：以法治为基础，提升企业核心竞争力

进入新世纪以来，伴随着全球经济一体化进程日益深入，企业面临的竞争不再局限于一国一地区内企业个体之间的竞争，而是面临遍布全球的同行组成的价值链的竞争。分工日益精细的价值链不仅包括产品的研发设计、生产企业、销售商，还包括售后服务等诸多环节，产业之间越来越强调协作，消费者得到的商品本质上是价值链中各个环节、各项活动所创造的价值的综合。并且，随着互联网技术的普遍运用，"互联网＋"模式创新出了新颖的商业形态和价值。对于企业来说，只有拥有自主核心技术、营销网络体系健全的企业才能在激烈的市场竞争中占有最大的市场份额，并从中取得丰厚的利润回报。在协作成为当今企业发展的主流模式下，企业与职业之间合作的重要性日益彰显，各个企业之间的相互协作、和谐发展催生出了一个个跨国企业集团。因此，企业管理者应该放眼全球产业发

展新趋势,立足国内外产业发展新机遇,分析企业在产业价值链中的位置,找准产业发展的高端环节,发掘高端产业,制订企业发展的技术路线图,抢占价值链高端环节。通过积极参与市场竞争,与优秀的客户、供应商、投资者等紧密联手,构筑一个健康、稳固的、充满活力的商务联盟,共同应对市场变革带来的多样性、复杂的经济形势,努力提升企业的效率,达到最佳的经济效益。企业和谐的外部环境离不开企业对社会责任的担当,即按照义利统一的道德标准,努力保持与社会利益和谐一致;牢固树立契约观念,形成契约精神,运用合同维护企业合法权益;坚持以和待客,将客户的满意度作为企业管理的重要指标,保持客户对企业的信任度,为企业发展营造和谐的外部环境。事实上,当今很多跨国企业的成功离不开在和谐主题和外部和谐环境的营造上的成功,这些企业不仅取得了巨大的经济效益,也形成了雄厚的口碑效应和较高的社会地位。

(二) 促进企业内部和谐:坚持和则机制与谐则机制的构建与耦合

企业内部的和谐可以通过建立和谐的文化氛围、完善的管理制度、优化的组织架构等来实现,从而达到良好的效果。

1. 营造企业和谐文化,和衷共济

建立一个融洽的公司氛围,这种氛围有助于公司建立良好的团队凝聚力,从而促进公司的健康发展。不仅如此,这种氛围在提升公司的凝聚力基础上,也能够提高公司的竞争优势,从而使公司的整体运营更加高效、稳定。为了达"1+1>2"的目标,企业管理层必须建立一种良好的人际关系,以及一种有效的管理机制,以确保企业的健康持续发展。这种发展的程度,决定了企业管理层的人际关系的程度。此外,通过实施有针对性的奖惩措施,提高公司的整体形象,促进公司内部的团队凝聚力,提升公司的整体竞争力。

2. 构建企业制度和谐，依法治企

现代管理学认为，企业制度体系激励约束着企业成员的行为并影响着资源配置的效率。所以，制度的设计、构建和创新对于企业的发展非常重要，近年来国有企业改革中很重要的一条就是建立现代企业制度。应该说，制度体系与企业发展和谐与否，在很大程度上决定着企业的发展前途和命运。因此，首先要建立科学合理的企业制度，依法治企。要建立清晰的产权制度，明确企业参与各方的权利与义务，增强企业的激励约束；优化企业股权结构，可采取员工持股等股权多元化方式绑定企业与股权所有者的利益关联，形成企业的动力机制和风险约束机制。其次要培养企业家精神。近年来，企业家精神成为企业管理理论中的热点，成功的企业离不开杰出优秀的企业家掌舵。而企业家本质上是一种精神和职业素质，学界认为企业家精神通常由创新精神、合作精神、敬业精神构成，在实践中，企业家应该善于发现商业机遇，并敢于冒险，善于决策，抓住机遇把握商机，具有一定的人格魅力将人才凝聚在自己周围，为实现企业利益最大化而勤奋工作，以和谐、以和促谐。

3. 创新企业组织形式，促进结构和谐

企业家的核心任务就在于利用其团队的力量、技术、管理等优势，创造出可观的经济效益，并将其转变为可供社会参考的商品或服务。因此，企业家的组织架构必须灵活多变，灵活有效地满足其经营需要，并且要有效地改善其内部、外部的运营状况，使其达到预期的效果。企业的组织架构对于其正常运营至关重要，而良好的组织架构则可以帮助企业更好地利用其内部的资源，从而实现更大的经济增长。按照和谐的原则，良好的组织架构既需要确保各个部门的相互协调与配合，也需要确保各个部门的工作相互联系、相互促进，从而实现更好的经济增长。自进入 21 世纪初，由于互联网技术的飞速发展，企业的架构发生了巨大的改变，从"金字塔

型"的模式发展到"网络型"的模式，其中最显著的特征就是扁平、灵活、虚拟、网络，而且还有许多新的、更具前瞻性的架构，如学习型架构、网络架构、团队架构等。通过精心规划和优化公司架构，企业既可以有效地开发员工的智慧和创造性，又可以加速公司的内部管控，提升公司的市场份额，提高公司的经济效率，从而让公司在市场上保持领先地位。

（三）坚持以人为本，促进企业和谐发展

1. 尊重员工人格，进一步强化企业亲和力

企业员工都是普通的社会人，都满足着人类本质的五项需求，即生理、安全、社交、自尊和自我实现这五个层次上的本质需求。其中前三项是人生存的基本条件，在这之上自尊和自我实现这两项需求是高级些的需求，企业应该提供给员工适合他们的工作，然后使其在工作中获得自我肯定的满足感，这一点甚至比单纯的物质激励的效果和作用好很多。例如，企业管理者如果能够在员工自我评价较低的时候，及时地给予适当的鼓励，比如对其说上一句："对你的工作能力我一直很有信心，对你所做过的努力我也很肯定，当前你在工作中也许是遇到了一些问题，我还是一如既往对你有信心，加油吧。"如果管理者给予员工这样的尊重和激励，将会使员工带着感激和热情重新挑战工作上的困难，带着百分百的信心和动力回报企业的认同和期望，从而提高企业的生产力。

2. 尊重员工的意见，进而强化企业向心力

一个企业就像一台高速运转的机器一样，每个员工都是企业不可或缺的一分子，每个员工都应该积极地投入到企业的发展当中去，企业管理者应该充分尊重员工的意见和建议，积极建言献策，使员工与企业更加合拍，拧成一股绳。尊重员工的意见，就是让员工自己管理自己，做企业的主人，从而提高员工的参与程度，达到利用团队精神提高组织运营

效率的目的。

3. 尊重员工自身职业发展需要，提升员工对企业目标认同度

事实上，大部分数员工的工作行为都不只是为了追求金钱，还会追求个人的成长与发展，以满足自我实现的需要。尤其是一些高素质员工更加注重这种需要的实现。作为企业员工，一大部分人都有自己的职业生涯规划，在自己的职业生涯中有意识地确立目标并努力实现目标。作为企业的管理者，应该了解员工的职业生涯规划，并通过相应的人力资源政策，为员工提供职业发展援助，引导员工准确地自我定位，帮助员工克服职业目标实现中的困难，使员工个人职业目标与企业整体目标相协同。

总而言之，企业管理者和企业员工应该拧成一股绳，充分发扬以人为本这一管理方针，以此作为企业生产经营活动的根本之道。此外，现代企业的管理者应该更重视员工的各方面状态，对他们的思想情绪和工作热情这些问题都时常关心，企业领导既要重视研究企业生产经营，更要研究企业中的"人"，了解员工的思想情绪和困难疾苦，研究为员工排忧解难的办法和措施，研究挖掘调动员工积极性和创造性的方法，把"人"的工作做细、做深、做透。只有坚持了以人为本，才能促进企业和谐发展。

（四）促进企业与市场环境和谐发展

企业总是在特定环境中发展，环境和谐程度与企业发展息息相关。市场环境的和谐除了"无形之手"进行调节外，还需要政府充分发挥"有形之手"的职能作用。为了促进市场健康发展，应该加强对市场的监管，确保它能够发挥其应有的重要作用。与此同时，也应该采取有效措施，确保政府能够有效的监管市场，促使市场健康发展。此外，还应该坚持遵循诚实守信、平等互惠、等价有偿的原则，确保市场主体能够依

照相关规则行事。最后，还应该建立一个有效的、协商一致的、可持续的政府监管机制，确保所有相关方都能够得到应有的待遇。总之，通过建立一个健康的法律制度，企业可以获得更多的公平竞争优势，从而推动整个社会的繁荣。

第三节　企业内耗理论构架

矛盾的普遍性和特殊性相互交织，而没有特殊性的矛盾就无法得到有效的解决，也就无法实现真正的和谐。企业内耗必然会反映出内耗的一般特性。为了更好地了解企业内耗，我们需要从管理哲学和系统论的角度，深入探究它的起源、特征、层次，以及传统文化的不利影响，以及企业的自身缺陷，并将其与国际大背景相比较，以便更加清楚地认识这一问题。

一、内耗与竞争、冲突之比较

随着物理学的发展，质点的概念被广泛应用于各种领域，以便更好地探索宇宙的奥秘。特别是在内耗研究方面，由于它的复杂性，可以把所有的参与者视为一个个独立的实体，并且仅考虑它的重力和能量。在一般意义上，竞争可以被定义为三种形式：一是通过实施某种特定策略，以实现其他人未能实施的；二是通过建立一种共同的目标、理念和价值观，以实现其他人未能实施的；三是通过激烈的交流，以及彼此之间产生矛盾和分歧，以实现其他人未能实施的策略。

竞争是一种公平、公正、充满激情的过程，个体会尽最大努力实现自身价值，而最终的结果往往是零。这种择优汰劣的机制，有助于组织的长期发展。而冲突则是一种公开、公正的过程，个体会尽最大努力去实现自己的利益，如果处理得当，可以实现双赢，从而给组织带来积极的影响。内耗可能是一种不受约束的行为，它可能是一种暗中的、不受约束的、有损于组织利益的行为，它可能会给组织带来持久的负面影响，甚至可能导致致命的后果。

例如，在日常生活中经常会有这样的现象：看起来相敬如宾的家庭突然之间解体了，而那些经常是吵了又好，好了又吵的夫妻却白头到老。这说明两层含义：一是夫妻之间必须要有良好的沟通和交流；二是家庭也有公理、需要公平，夫妻之间通过争吵，讨价还价才能找到合理的均衡点。而这种公平才是家庭稳定发展的坚实基础。夫妻之间总是相敬如宾会掩盖许多不合理的东西。一方忍受着不公平而又无法发泄，到最后不是在沉默中死亡，就是在沉默中爆发。家庭如此，企业等组织也是如此。

人类的基本需求包括正当和不正当的利益、合理和不合理的意见以及健康和不健康的情感。在公开、公平、公正的博弈过程中，这些不正当、不合理和不健康的因素会得到有效的抑制，但是在非公开的博弈环境中，可能会出现各种各样的情况，甚至可能会出现混乱和欺骗的局面。在公开的竞争中，优秀的人才会占据上风，而不良的内部环境则会成为劣势者的温床。

当然，竞争和冲突也要付出一定的成本，处理不当也会减弱组织的凝聚力。

在一些非原则性或细小的问题处理时，还是尽量避免冲突和竞争为好。内耗也并非一无是处，比如，可以减少破坏性冲突，也可以使一些人达到心理平衡。需要引起重视并采取治理措施的是那些具有危害性，以及可能引起严重后果的内耗总的来说，内耗的危害远远超过它的好处。因此，我们应该努力构建一个公正的竞争环境，并鼓励合作，以尽可能减少内部矛盾的发生。内耗与竞争、冲突的区别及联系可以从多方面进行比较，具体如表 1 所示。

表 1　内耗与竞争、冲突之比较

序号	项目	竞争/冲突	内耗
1	透明度	公开、透明	非公开、不透明
2	规则性	有规划、法律	无规则、潜规则
3	实效性	短期，或者长期	短期，或者长期
4	收益	解决问题，长远有利	不解决问题，负面效益
5	受益者	有能力者有利	无能力者有利
6	成本	成本确定、可测量	不固定
7	结果	利大于弊	弊大于利

二、内耗相关层次、规模、多样性及客观性

（一）不同层次的内耗

马斯洛将人的需求划分为五个层次（金字塔型）。

1. 生理的需求：水、食物等。

2. 保护自己免受身体和心理上的伤害是我们的首要要求。

3. 被接纳的意义在于：被尊重、被爱护，并且能够感受到自己的存在，而不是被外界的压力所左右。

4. 自尊意味着我们要追求自身的价值，我们应该具备足够的能力、技能和知识，以便成为有用的人。

5. 自我实现是一种追求卓越的过程，它要求个体充分发挥自身潜力，

并且在不同的人格特质之间取得和谐的平衡。

经过深入分析，个体的需求层次各不相同，但他们都有自己的利益诉求、意见表达和感情宣泄。然而，随着个体需求的提升，他们的要求变得更加强烈，内容也变得更加丰富多样，如果没有公开的渠道来反映，他们的内部矛盾就会变得更加复杂，甚至可能带来更大的危害（如图5所示）。

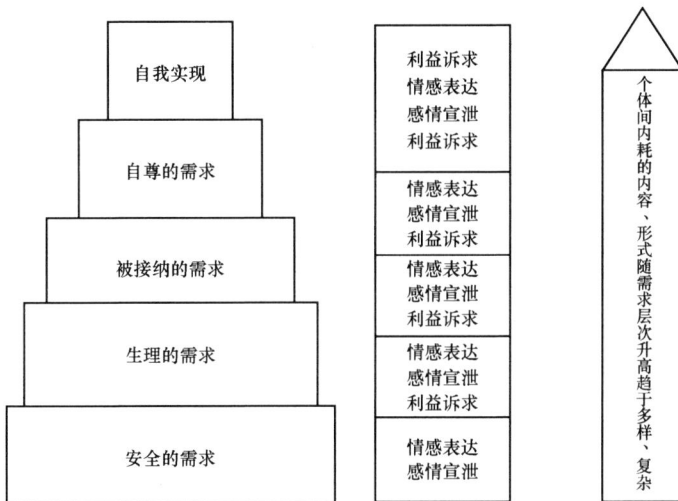

图5　内耗与人的需求层次及基本要求示意图

（二）内耗的多样性与客观性

由于内耗产生的情景、原因各不相同，因此，内耗有以下一些特点。

1. 关于内耗主体多样性

内耗可发生在个人与个人之间，也可以发生个人与群体之间，群体与群体之间，以及组织内的部门与部门之间，还可以发生平级之间以及上下级之间等。

2. 关于内耗起因多样性

内耗的起因是多方面的，从表面上看有目标不相容，认识不一致，方式不相同等。从本质上来说，这是出于对利益的追求、对观点的表达以及对情感的释放等基本需求。另外，还有许多深层次心理起因。

3. 关于内耗客观性

事实证明，只要有人存在的地方，就会有内耗。内耗是一种普遍存在的、不可避免的、正常的社会现象，它对组织的心理和行为起着至关重要的作用。然而，由于各种原因，内耗的表现形式和严重程度也各不相同。

第一章 企业高管团队内耗概述

第一节 企业高管团队内耗的概念

内耗可以被定义为一种由于组织内部的分歧、冲突以及其他原因而导致的资源消耗，这些资源包括机器、设备等，这些资源无法被外部使用，也无法被有效利用。与内耗相联系的词语是内讧、内斗、内乱、内奸、内应、内忧等。

对于内耗，虽然很多人可以从字面上了解它的一些含义，但并没有"内斗"这个词熟悉。对很多人来说，内耗就等于内斗，这其实是一种理解上的失误，只看到了表现最明显、最激烈的现象，而没有看到更多的内部自我消耗的内容。

一些人曾经研究中国私营企业的发展模式：在创立之初，合伙人们会以情感和道德来处理彼此的关系，而制度和股权则可能没有明确的界限，也可能模糊不清。随着企业的壮大，制度变得越来越重要，利益也开始受到关注，因此，"排座次、分金银、论荣辱"成了大家的共识，但也导致了企业的内部分裂。

我想，在进入正题谈企业的内耗和避免、解决内耗的内容之前，如果能够用一个典型的案例来解释一下内耗的表现以及危害，会更好一些。为此，我以代表盛唐转衰的"安史之乱"，为大家展现一下典型的内耗。

众所周知，唐朝是中国封建时代最强盛的时期，但是，就是这样一个强盛的王朝，却几乎是在它最强盛的时期迅速走向衰败的。其中的原因众说纷纭，但是，在我看来，内耗才是关键因素。这里所说的内耗，不是简单的"窝里斗"，而是指唐王朝内部一系列的自我损耗行为，包括从领导者和决策者的盲目施政，到主要管理人员李林甫、杨国忠的争权夺利，再到皇帝、太子与权臣之间的互不信任、彼此争斗，加上中央集权与地方分权的分歧、地方藩镇的制度损耗、内战、战争中的争权、失误、内斗等一系列由于自己人的人为原因而导致的资源浪费、利益冲突与内部损耗。

第一，决策者如果不能履行好自己的权力，就是对组织赋予权力的浪费和损耗，更是对企业整体资源的损害。盛唐的内耗首先表现为决策者对现状的无知与不作为，这不是信息的缺乏，而是信息无法被决策者了解与重视，也反映了盛唐这个集团的信息内耗在开元和天宝期间，唐朝的封建制度达到顶点，虽然外观上显得十分兴盛，然而，在这一时期，腐败势力的扩张和多元化的社会问题的加剧，最终引起了一场灾难性的安史之乱。在开元时期，唐玄宗对一些政策的实施感到不满与厌倦，于是在后院里大肆放纵，宠幸杨贵妃，从而导致了一场灾难性的政变。

唐玄宗即任既久，国内承平，天下晏安，玄宗不但纵情色酒，宠幸杨贵妃，并且花费无度，奢侈成风，任意赏赐，对杨氏恩宠备至，对大臣亦过于豪绰。生活如此奢侈豪华，渐渐造成财政入不敷支，于是冀望臣下进献，一时有进献者俱得高官，政治由此渐趋腐化。玄宗生活既趋糜烂，于是政事外则委之李林甫、杨国忠，内则交付宦官高力士，自此唐政转衰。

这其实与现实中无数企业的领导状况是一样的，无视现实，躺在功劳簿上睡大觉，这是所有企业内耗的基础和重要内容。

第二，组织高层决策者与管理者之间不能同心协力，甚至相互争斗与隐瞒，是对企业权力资源、人力资源和整体能量最大的破坏与损耗。盛唐集团后期相继掌握宰相实权的李林甫和杨国忠相互间争权夺利，并默契地欺瞒最高决策者以获取更大的信任和权力。李林甫极其忌妒贤能，他会想方设法抹杀任何有才能的官员，几乎没有人能够逃脱他的魔掌。杨国忠作为杨贵妃的亲戚，比李林甫更加猖狂，他不仅担任宰相，而且还担任了其他四十多个职位，任意发布命令，毫无顾忌地处理政务。由于这个原因唐朝的政治变得更加黑暗。当然，也可以说，安禄山的反叛同样是内部争权夺利的内耗的表现，并且是最极端的表现。

第三，人力资源是任何一个组织最宝贵的资源，不能够发掘人力资源，不能把最有用的人力资源用到最需要的地方，是对企业人力资源的浪费。在企业关键的地方使用不能胜任的人，是对企业整体的损害，是由于人员任用不当造成的内耗。安史之乱前期，唐玄宗任用哥舒翰就是一个造成内耗的例子。

第四，任何组织的内部机构权力分配不合理，缺乏制约机制，没有合理的制度安排，都会必然地导致企业资源的损耗和内部冲突。制度设置不合理，组织本身就存在隐患，这是唐朝制度发展过程中出现的最大内耗。

第五，部门冲突，将相不和，前线军队与后勤支持不协调，这同样是导致盛唐集团能量损耗的内耗因素。还是用前期的哥舒翰做例子。哥舒翰与高仙芝、封常清等边将不同，他参与了朝廷内部的政治斗争，例如他指控杨国忠与阿拔尼有勾结，以及其他一些不公正的行为。

当然，如果从严肃的历史眼光来看，把内耗作为盛唐衰败的主要原因，甚至唯一原因，是有所偏颇的。但是，从一个组织的内部管理来看，以内耗来分析盛唐王朝的衰败，是有很大合理性的。毕竟，所有导致盛唐衰败的原因其实都是内部原因，并且是这个时期完全可以避免的。具体表现在唐玄宗这个决策者（相当于现在的总裁），对自己权力的不负责任，加上两大决策者与管理者李林甫、杨国忠（相当于CEO、总经理）的主要工作不是履行自己的职责，而是争权夺利、打压异己，为了自己的利益，损耗整体的利益。

按照历史唯物主义的观点，唐朝的衰败是一种必然，但不得不承认的是，唐朝从安史之乱开始由盛转衰，则是由于一系列的内耗行为导致的偶然。盛唐的命运，可以为今天无数企业、组织的自我发展、内部建设提供最有意义的警示。

第二节　企业高管团队内耗理论依据

一、与团队领导观念息息相关

（一）理论根底过于浅薄

理论是行动的基础，只有拥有正确的理论，才能够真正推动发展进程。科学理论为中国建设提供了强大的思想支撑，其不仅是一种指导思想，更是一种思想武器，为国家发展提供了有力保障，使中国能够以更加坚定的信念和更加有力的行动，取得更大的成就。虽然在发展过程中遇到了部分困难与挫折，但这并不意味着要停止前进。作为领导者，我们必须面对外部环境的影响、理论宣传的灌输以及自身的思想道德品质等主观因素，以确保我们的思想不会发生冲突。

在中华人民共和国诞生初期，中国已经取得了惊人的进步，这无疑证明马克思主义、毛泽东思想的正确性。但要实现中国特色社会主义的伟大梦想，必须坚持马克思主义的理论，并且要深入学习、实践、创新，使之更加完善。尽管我们努力去探索马克思主义的一些基础概念，并努力去把握它的核心思想，但由于部分非正确理念，如主观理论、唯心理论、形而上学等，使部分企业领导的思维模式偏离正轨，他们的理解受到限制，最终造成严重后果。在各类理论与实践的矛盾冲突下，企业领导深深陷入了困惑之中无法自拔。尤其是在东欧剧变后，社会主义运动陷入低谷，对此部分企业领导开始产生困惑，甚至对"社会主义市场经济"产生质疑，从而引起了深层次的思维矛盾。邓小平同志在南方谈话中指出，尽管面临挑战，使得马克思主义的基础受损，无法以历史唯物主义的视角来解读当今局面，但从中吸取的成功经验和智慧，为未来发展指明了道路，为市场建设带来了强大支撑。

（二）不同群体利益差异

在社会主义条件下，群体利益因职业、社会地位和社会环境的不同而有所差异。从领导角度看，他们既可以是国企领导、集体企业领导、个体企业领导，也可以是专业经营者和农民企业家，他们的职能、需求和利益都存在着明显的差异。

在计划经济时代，由于"大锅饭"的实施，使劳动者与企业领导的收入都处于较高水平，而且他们的利益分配更加公正。但随着市场经济的转变与快速发展，人们的思维模式、价值观、文明程度也相应改善，使每个人都有了更为明确的利益追求，他们可以根据自身需求，采取多样的手段来实现个人目标。因此，作为企业的代言人，无论是企业主管还是其他管理人员，都应该牢记自己的职责，既维护好自身权力，又维护企业的整体利益。由于时代的变迁，企业高管团队的每个成员都有着独特的看法，他们会根据当前情况来制订新的计划、实行新的改革，并且会根据当前情况来进行资源的合理分配，从而减轻企业的经济压力，但他们的思想可能会存在着一定差异，这属于正常现象。

（三）新旧制度转换产生碰撞

当前已逐步进入一个新的发展时期，全面建成小康的关键在于加强经济建设，提高人民的福祉。为了实现远大抱负，必须打破传统计划经济模式，开拓创新，构建一个发展的、富于竞争能力的、具有活力的社会主义市场。

传统计划经济制度曾发挥过重要作用，但商品经济的成熟必然形成市场经济。从传统计划经济到现代市场经济，该过程需要漫长地、艰辛地努力，这不仅仅是因为市场经济的形成和发展要有许多条件，也不是因为计划经济趋于成熟，而市场经济还无模式可借鉴。我们应看到，向市场经济的转变不只是一个物质过程，而且还伴随着人的思想、意识、观念、生活方式和思维方式的变革。从某种意义上说，这种变革更为艰巨复杂。自改革开放以来，虽然我国各类型企业在发展上取得了显著进步，但也面临着许多挑战。例如，谈及改革大家都拥护，但随着改革的深入、开放的扩大，部分企业领导对"资本困惑"、个人利益与企业利益关系的失衡状态等，均表现出诸多问题。

计划经济到市场经济的变革将对企业发展产生巨大影响，不仅改变了管理格局，也改变了员工的价值取向、道德准则、日常习惯和思考模式。在该转换过程中，旧的习惯与思想观念不会迅速退出历史舞台，新的思想观念与行动模式也不会自然而然地产生和壮大。在新旧制度的转换过程中，新旧管理观的转换也必然产生碰撞和摩擦，此长彼消、此消彼长，反复较量，最后由新的管理观占据主导地位。在发展市场经济中，如何使传统管理观中有生命力的内容与新时代对接并继承发扬下去，如何抛弃其中陈旧过时的内容而代之以有时代气息的新鲜内容，如何处理好过去—现在—未来的关系，这是企业领导都应重视的问题。同时，在对待和处理这些问题时，每个企业领导也不可避免地卷入进去，成为观念冲突的参与者。

二、与团队领导意志密不可分

（一）关于领导者意志冲突的体现

1. 缺乏自觉性

意志是一种心理活动，它的核心特征在于能够自主地确定目标。因此，拥有自主意识是衡量一个领导者意志力的重要指标。自主意识指的是一个人能够清楚地认识到自己的行为目标和它们的意义。

第一，领导者应该拥有一个清晰的目标，以便能够将自己的行动和思考放在这个目标的指引下。如果一个领导者的目标模糊不清，他的行动就会毫无意义，也无法朝着正确的方向发展。

第二，领导者应该具备自我约束能力，这是一个至关重要的因素。只有当领导者对自身行为目标有清晰的认知，才能够有效地抑制各种阻碍其实现目标的心理因素。反之，如果领导者缺乏自我意识，就会导致他们无法有效地控制自己，从而陷入意志薄弱的境地。

美国思想家埃蒙斯曾经指出"伟大的目标形成伟大的人物"，一个没有自我意识的领导者，无法给自己设定明确的目标，他们的工作成果将会大打折扣，而他们的意志品质也会变得脆弱，容易被外界影响而改变，缺乏坚持不懈的精神，无法自我控制。只有拥有坚定的远大目标的领导者，才能拥有坚毅的意志，勇敢无畏，坚韧不拔，面对危机时保持冷静。对于优秀的企业高管团队而言，每个管理人员都需要具备良好的责任感和勇气，以及能够正确判断和处理问题的态度，而非仅依靠个人偏见。在团队工作中，如果缺少坚定的信念、清晰的目标以及极具自律性的行动，是无法真正面对挑战并履行好自身职责。

2. 从众心理

从众心理是一种在群体压力下个体服从的心理特点。这里所说的压力，并不是武力或其他的物质方面的力量，甚至也不包括感情上的压力，而是一种害怕自己与众不同的心理压力。

在日常生活中，人们常常会出现从众心理。对于那些文化素养和审美能力较低的人来说，即使他们没有感受到艺术作品的丰富内涵，也会被其他人的态度所吸引，甚至赞叹不已。然而，令人担忧的是，即使一个人认为自己的观点是正确的，但当大家都认同他的观点时，他们也会开始怀疑、动摇和否定。"人云亦云""随声附和"，随波逐流，就是从众心理的真实写照。

根据心理学的研究，人们往往会将自己的观点与他人的观点进行比较，但当发现自己的观点与大多数人的观点存在矛盾时，许多人会坚持他人的观点，而是放弃自己的观点。人类天生具有追求利益的本能，但对于意志力较弱的人来说，与众不同却是一种极具破坏性的心理状态；随着时间的推移，这种心态逐渐深入人心，最终形成一种普遍的心理习惯。

在某些情况下，领导者应该是群体中的佼佼者，并且应该与众不同。然而，有些领导者却拥有更强烈的从众心理。这种从众心理使得他们不仅对上司服从，不敢坚持自己的正确立场，还会对下属的舆论和意见感到担忧，不敢直接发表看法，尤其是对于错误的思想观点。这种领导者往往缺乏创新精神，他们只会按照既定的规则行事，而不会去探索新的可能性。他们极度依赖权威，甚至陷入了迷信的境地；他们害怕犯错，但也不会放弃"奢求"，勇敢地去实现自己的抱负。

3. 忽视意志品质的自我培养

一部分领导者不注重意志品质的自我培养，他们不懂得，意志品质对于领导者是不可或缺的，应当注重培养。

不注重意志品质的自我培养，缺乏培养意志品质的自觉性，实则是由于领导者对培养意志品质的意义认识不足，这些领导者认识不到，意志品质的培养是事业成功的重要保证。就自制力的培养而言，常会有人把它当作小事一桩，不以为然。领导者是控制群体、控制局面的人，这样的人本身失控，那局面可想而知。这如同一辆满载旅客的汽车行驶在山路上，驾驶员神经错乱将会引起的后果，只是表现方式不同罢了。就果断性而言，人们非但不能充分认识其重要意义，反而易于把它与独断专行混为一谈，反而把被人左右，受制于人当作谦虚谨慎、善于听取他人意见的表现。如此混乱的认识方式，实难使领导者对其意志品质的自我培养有足够的重视。

4. 气质类型配置失误

虽然无法准确地评价哪种气质类型更胜一筹，但是，仍然可以从中发现，不同的气质类型对于不同的领导者来说，其所代表的意义也大相径庭。比如，勇敢坚毅的领导者，可以是一个坚定的指挥官，也可以是一个活跃的领袖。对于抑郁质类型的人来说，他们可能更适合负责制定政策法规、长远规划等，从而取得更好的效果。但是，当他们被委任为需要在变化不定的环境中迅速做出决断的军事指挥员时，他们可能就不太适合了。所以我们认为，虽然气质类型并非产生领导者意志品质方面心理冲突的根本原因，它不能全面解决这一问题，而且无法断言哪种气质类型的领导者的意志品质必定优或劣；但是特定岗位的领导者确实与特定的气质类型相结合会好些或差些，甚至有的气质类型特征表现过于强烈者也确实不适合某些领导岗位。

（二）关于领导者意志冲突的原因

1. 选拔领导的标准不当

过去，部分企业领导缺乏对意志品质的自我培养，这种缺乏可能会导致他们在心理上的冲突。但是，这种缺乏也有其客观的原因。曾经，企业领导更多地关注于"专业"的素质培养，但这并不意味着他们就不符合高管选拔标准。近年来，在选拔企业高管时，过多地强调"专业"的要求，而忽略了意志品质的重要性。因此，在这种标准下，很多企业领导都没有足够地重视意志品质的培养，从而导致他们的能力和素质得不到充分发挥。

2. 培养领导的方式不当

"时势造英雄"。坚强的意志品质不会凭空形成，只能是领导者在艰苦环境中磨炼的结果。谈及此处，必然有人会说现在实行的不就是高管到基层部门锻炼吗？但在现实中，这种锻炼往往是一种"镀金"方式，这种"镀金"培养方式，往往造成企业管理工作目标的错位。企业高管是干什么的？他是带领企业、带领员工实现发展目标的。事实证明，这种"镀金"的高管，并不会脚踏实地、甩开膀子在基层部门做出一番事业，因为那不是他的久留之地，出现问题反而会影响自己的个人发展。所以，下到基层部门"锻炼"的企业高管们，往往不但意志品质没得到应有磨炼，却成了谨小慎微、不求有功但求无过的人。显然，企业高管出现目标错位，他的自觉性就无从谈起。这样的领导者，失去了明确的工作目标，失去了为实现企业发展而奋斗的志向，又无法克制有损事业的不良心理障碍，便不可能具有所谓的顽强意志。对此，我们并不反对企业高管下派到基层部门去锻炼，只是不赞同那种形式主义的"镀金"方式，因为它会产生上述负作用。

3. 旧管理模式的影响

伴随着时代的发展，传统企业结构已发生巨大变化，各部门之间的管理界限日渐模糊。在新的企业结构中，每个管理者的行为和决策得应到充分考虑，每个员工的利益和义务得应到充分尊重，"我自己负责任"的规定得到落实。伴随变革的深度推动，传统分散化的管理模式正逐步被抛弃，取而代之的是一种更加科学、更为集中的管理模式。但由于缺乏对经济环境的认知和理解，许多传统管理模式依然存在，对企业发展产生一定的阻碍作用。虽然部分企业试图将权力集中在高管手中，但即使这样，长期以来的传统管理模式仍然难以彻底摆脱其负面影响。因此，这种由传统管理模式引发的管理者心理素质欠佳的问题仍然会长期持续。

三、与团队领导权力紧密相关

（一）法制观念淡薄

"法"指的是一个国家的制定的法律法规等，其规定了一个特定的行为准则，并且由该"法"所规定的行为准则所构成的社会秩序。其旨在确保一个公正、公正的准则能够有效处理公共事务。其中，法制的主要原则是依法办事。在很长一段时期内，我国实行的是计划经济，因此在企业内形成了一套单纯运用行政手段的管理体制、管理方式与工作秩序，致使领导意志盛行，缺少法治意识，没有树立起依法用权的观念。在传统管理理念的影响下，部分企业领导对法制观念的理解仍然较为浅薄，他们更倾向于采取"以言代法""以人代法"等管理手段，而忽略了依法管理的重要性。"权大还是法大"在部分企业中已无人公开再提，"以权藐法"者仍大有人在。这些企业领导置法律于不顾，特权越搞越大，似有将自己的部分变成"特权领地"。

（二）权力来源模糊

企业领导被赋予行使权力的责任，这就是管理权的本质所在。另一方面，任何内容都必须以一定的形式来表现，虽然形式是由内容决定的，但形式也对内容具有反作用——如果形式不能适应内容的需要，那它就体现不出内容的实质，甚至会改变内容。具体而言，如果找不到一个企业领导行使权力的恰当方式，那就会使人们看不清管理权的本质，甚至会把这种权力变异为企业领导的个人权力。

目前企业高管的产生，主要有选举、任命、聘任三种形式。就选举而言，一是其范围较为狭窄，二是几乎没有直接的民选，而是员工代表选举。就部分员工代表来说，其产生的透明度也远远不够，这些代表可能被大多数人所不了解，他们的选举主张、业务能力、职业素养等情况如何，广大员工均不知情。由此可知，由选举产生的企业高管的权力已经是多数员工在不甚明了的情况下间接又间接地给予的。而任命、聘任的企业高管的权力就更加显得模糊不清，加之监督企业高管行使权力的间接性，使其未来管理几乎成了广大员工无法把握的事情，于是管理者与被管理者的关系也就易于被倒置。

管理权变异，直接取决于企业高管想不想、敢不敢、能不能变异权力。企业高管应该是企业认定的优秀管理者，他们大公无私、才能卓越，这样的人不会去想变异权力。即使能力欠佳的人进入了高管层，随着企业监管机制的完善，团队也有权处罚他，他也无法变异手中的权力。

（三）权力主体不够强硬

权力的失衡和缺乏能力是导致领导权力无法有效运作的根本原因。这种失衡可能由多种因素引起，比如缺乏专业技能，或者缺乏足够的资源，从而使得领导者无法发挥其最大的作用。尽管在我们的社会主义社会中，地位并不是一个明确的等级，而是一种平等的机会，但是领导者的能力却受到了限制，普通人很难胜任这一职位。通常来说，人们倾向于选择拥有支配地位的人，而不愿意接受一个能力不如自己的人来控制自己。这是人类的一种社会心理特征。拥有专业技能是领导能力的基础，如果没有这一点，领导者就无法站立起来。

若没有足够的影响力，领导者将会陷入困境。一个领导者，如果缺乏道德标准，将会受到下属的蔑视和唾弃，特别是那些被"小辫子"束缚的领导者，他们一看到任何人都会感到恐惧，因此他们也不敢去管理他们的事情。在极端情况下，我们还必须放弃某些原则，为一些下属的不当行为提供保护，以获得他们的支持。

领导者的官位如果是贿来的，因为先天不足，他就更难以胜任领导工作。也有这样的情形，一个领导者到了一个各种关系盘根错节、小集团势力颇强的单位，加之对情况不熟，联系群众不够，一时之间难以充分发挥领导权力。或者，有的领导者是刚从本单位提拔起来的，而培养自己的老领导还在，虽然已经成了自己的下属或平级副手，但总不敢去对他行使领导权力，怕人说这说那。领导者必须敢碰硬，见硬就回、欺软怕硬，最终软的也要变硬，硬的更硬，那就只好自己变软。

由于领导者的软弱无力和被领导者的缺乏责任感，使得领导权力的运行受到了严重的阻碍。尤其是那些已经退休的老领导，他们凭借多年积累的影响力，试图操纵新的领导，从而使得领导权力的运行受到了严重的阻碍。

又如大多数单位都有组织观念极为淡薄的"刺儿头"，他们大错不犯，小错不断。凡此种种，领导者如不能有效地加以控制，就会使领导权力的力度锐减，大打折扣。在群体中，领导者处于主导地位，他有治理和优化内部环境的条件，所以对此也应负有责任。

（四）缺乏领导科学相关知识

在这里，我们不仅仅要讨论权力分配方面的领导科学知识，更要深入探讨如何有效地实施领导职能，加强职位权力，以及如何在不同领导者之间建立良好的协作关系。

在封建社会和资本主义社会，权力分配带有权力制衡和利益分配的性质，而权力的再分配则是对新的权力矛盾和利益矛盾再调和。在社会主义社会，权力的主要职能已不再是统治被统治阶级，而是管理社会。权力的行使者是人民利益的代表，是为人民服务的，权力分配因而不再是平衡既得利益和维护统治地位，而是领导者分工合作的需要。当然，社会主义的领导权力分配也具有制衡作用，但这种制衡已不是调节权力矛盾和利益矛盾，而是为了更好地消除权力变异，保证权力运行的科学性和方向性。

在组织权力分配方面，一个重要的挑战是如何确保权力的有效分配。这需要我们考虑组织的结构和形式，以及各部门之间的职责。例如，一个法人单位的法定代表人可能没有权利解决本单位的一些问题。许多单位的管理结构存在着严重的层级权力混乱，领导者不仅没有权利解雇员工，反而强行招聘新员工，甚至连做什么都要由上级指示。此外，平级职能部门之间的权责混乱也十分普遍，谁拥有权力谁就会抢着要，谁承担责任谁就会把责任推给别人。由于多头管理和重复管理的普遍存在，使得基层单位无从选择"婆婆"的内容，从而影响了工作效率。

在实践中，有的领导不懂权力分配知识，向下越权。他们觉得下级办事不如自己办妥靠，岂不知，这种越权本身才是最不妥靠的——你管了一回，下级就靠边儿等你管二回、三回……可你有照顾不到的时候吧？那就会乱套。诸葛亮是强人，可他事无巨细，连罚兵士二十杖的小事他都亲自管理，这就不科学，结果 59 岁就累死了。周恩来总理强调，在特殊情况下，直接干预和直接解决不是一种常规的做法，而是为了提供一种示范，以便更好地解决问题。

权力分配是一门复杂的科学，它是领导者实施有效管理的重要手段。因此，权力分配必须清晰明了，层级分明，权责明确，以便让每位领导者都能够清楚地认识到自身的权限和义务，明白哪些事情应该由自己来完成，哪些事情需要向上级汇报，哪些事情只能参与，而不能干涉，哪些事情应该由下级来完成。

第三节　企业高管团队内耗的危害

内部冲突的结果往往是双方都会付出巨大的牺牲，无论谁赢得胜利，

这种牺牲往往伴随着巨大的经济损失,而且这种损失往往是以集体和国家利益为代价的。具体来讲,主要体现在以下几个方面:

一、内耗损毁群体存在价值,妨碍群体目标实现

人类不可能脱离群体而存活,但每个群体都有其独特的价值和社会功能。这些价值与社会功能反过来可以帮助人们实现一些单个人无法实现的目标,甚至比单个人更有效地实现这些目标,发挥出"1+1>2"的作用。虽然实现群体价值需要个体成员的共同努力,但如果个体之间存在着抵触、矛盾、争执,那么群体的价值将无法得到充分发挥,从而使群体的目标和任务无法实现。因此,个体之间的协作和合作是必不可少的,以确保群体的发展和进步。

二、内耗削弱人们积极性,消耗社会元气

现代人文科学指出,人类是环境的产物,当人们处于一个宽容、和谐的环境中时,他们的主动性、合作性和创造力将得到最大化发挥。然而,如果人们处于一个紧张的人际关系环境中,他们的工作热情将会受到抑制。人类的精力有限,当我们把大部分精力投入到处理复杂的人际关系中,就很难专注于工作。

三、内耗激发群体消极情绪,致使人心态变得异常和扭曲

人生是一个充满挑战的旅程,不仅要求我们不断学习新的知识和技能,还要求我们重新审视自己的道德观念、思维方式、心态以及修养。实

际上，这一过程也是一个不断融入社会的过程，而我们所处的环境和社会群体对我们的发展有着深远的影响。当一个企业群体充满和谐与进步时，人们的个性也会得到改善，更加健康。相反，当一个企业内部矛盾尖锐时，成员可能会感受到压力和不满，甚至产生负面情绪，导致心理扭曲和变态。

第二章 企业高管团队内耗的
   表现与原因

第一节　企业高管团队内耗的表现

从实际情况看，企业高管团队内耗因性质不同也会存在差异。部分研究者将内耗按照不同方法进行了划分，包括：对抗、协作、和谐、支持和联盟。"内耗性质"则将这些冲突归类为：政治冲突、经济冲突和个人冲突。在本书研究的基础上，将这些内耗表现按照它们的发展趋势进行进一步归类。

一、企业组织目标的"相互排斥"

企业各部门作为一级组织形式，均有一定的组织定位和职能角色，但在具体的组织发展目标上，高管之间可能有不同意见，甚至有对立排斥的歧见。如果主管权威不足，高管之间又相互不服气，加上组织决策又不按照民主程序，同时还掺杂日常的个人恩怨或个人私利等，高管之间有关发展目标的个人认知就会裂变为团队中的决策内耗：久拖不议、议而不决，或表面形成"决意"，实则"各自为政"，并演变成"组织内耗"升级的逻辑起点。

二、企业组织活动的"相互拆台"

作为"关键决策者"和"关键推动者"的指挥官，企业高管的职责和义务对于企业组织的发展和进步起着重要作用。如果高管之间对于组织目标没有达成"一致意见"，或虽有表面上的"一致意见"，但内心根本就不"支持和认同"，这就导致在组织目标的实施过程中，高管的实际行为是互不支持，甚至是"相互拆台"。组织中的"资源"和"能量"无法在行为上形成"合力"，组织行为出现"扭曲"，甚至"变向"，这就为其后的"权力争夺"和"责任追究"留下后患。

三、企业组织权力的"相互争夺"

作为一级组织形式，企业各部门均有组织规定的"权力体系"。在现实中，各部门高管之间极可能存在变相的"争权夺利"：主管可能能力不足、独断专行，而副手可能更懂专业、更有抱负；主管也许能力和抱负都"超强"，没有其他高管"施展"的任何空间。如果主管独断专行，其他高管则可能"抱团结盟"共同"抗御"。更为严重的是，如果高管各自"纠集"自己的"铁杆和随从"，将直接到最后企业组织内部或明或暗的"帮派管理"。

四、企业组织责任的"相互推诿"

高管之间在企业的组织目标、组织行为和组织权力上进行"暗斗"，必然导致高管团队的"信任危机"与严重内耗。互不配合、相互较劲和持续"博弈"，也体现在组织责任的分配当中。"有利"的"好事"，高管之间相互"争夺""无利"的"难事"，高管之间则相互"推诿"。如果企业组织行为中出现严重的"失职"问题，那么高管之间便极可能相互推卸责任。

五、企业高管人格的"相互诋毁"

无论上述何种原因，企业高管团队内耗的愈演愈烈最终导致的"结局"都可能是相互之间的人格诋毁。除了掌握确凿的"内耗证据"向管理部门申请干预以外，企业高管团队内耗的长期存在和恶化则可能继续引发"向上蔓延"与"向下蔓延"两种状态。"向上蔓延"是向更高级别的管理部门"匿名告状"；"向下蔓延"则可能是同事之间私下窃议的"丑闻"。这种隐秘性和模糊性的内耗如果在一个企业内长期"潜伏"，那么便可能持续恶化企业的组织生态，从而形成负面的组织文化，甚至可能引发管理者与员工之间的矛盾。

第二节　企业高管团队内耗的成因

领导冲突是一种复杂的心理状态，它可以通过不同的形式出现，其中包括领导者之间的角色分歧、利益冲突、价值观念的分歧以及工作方法与个人性格的冲突。这种冲突可能会导致领导者之间的关系失衡，甚至会影响到整个组织的运转。就哲学角度而言，我们大致可以把以上三种原因分别归为本体论、认识论和方法论。这样分析，就可以基本得出关于领导冲突原因的总的认识。

一、角色间的不同与利益之间的矛盾

（一）角色所致

角色，也称"脚色"，原是戏剧、电影中的一个概念。我国戏曲艺术中也有称之为"行当"的。我们将这一概念借用到领导科学中，旨在表明领导者所从事的工作、所进行的活动、所肩负的责任等，具有一种统一的约定性。

领导角色可定义为：简单领导关系两端位置上的、由领导需要所约定的领导行为模式。这一概念表明三层涵义：第一是领导角色在领导关系两端中居有一端；第二是领导角色是领导者个体的行为模式；第三是领导者的角色行为模式是领导工作的社会需要所规定的。

领导者的角色行为是实现领导功能的关键，而角色扮演则是这一过程的主观体现。然而，由于各种原因，领导者在扮演角色时往往会遭遇各种挑战，从而引发角色之间的矛盾，甚至一个角色内部的冲突，这些冲突也被称为领导角色冲突。

领导角色冲突归纳起来有三种表现形式：

第一种，当两个或两个以上的领导者和团队成员之间出现了角色冲突时，这种冲突就被称为角色外冲突。如领导者之间、领导者与被领导者之间矛盾冲突。

第二种，领导者在社会中扮演着多种不同的角色，这些角色之间可能会产生冲突，这些冲突可能是由于领导者的身份和地位造成的，而这些角色又可能会引发社会的不同期望，从而影响到领导者的行为和决策。当一个领导者承担一项责任时，他可能会忽略其他责任，而这些责任又可能会影响到来自不同方向的参与者的期望，从而导致领导角色之间的矛盾。

　　第三种，领导者在担任同一职位时，可能会遇到内部矛盾，这些矛盾可能源于他们的期望和内心的冲突。这些冲突可能会使他们感到困惑，无法做出正确的决定。因此，领导者应该努力解决这些问题，以确保他们能够在职位上取得成功。这犹如作为一个厂长，国家与社会要求他考虑整体利益，而职工则希望他多给大家一些实惠。尽管这两种期望可以被统一起来，但在实际操作中，它们之间的差异仍然很大，令厂长们头痛不已。此外，领导者的理想角色、领悟角色与实际角色之间也存在着明显的鸿沟。理想角色指的是社会对领导者的期望，而领悟角色则是指领导者自身对角色的认知和理解。由于这两种角色的差异性，经常会导致领导层之间的矛盾和分歧。

　　造成领导者上述三种角色不协调的原因主要有如下几方面：

　　首先，由于社会对领导者角色行为的规范缺乏明确性，组织的变革和变革进程的加速，很可能会引发领导角色之间的矛盾和冲突。譬如，在我国由计划经济向市场经济转轨的过程中，政府对经济建设的领导职能已经发生了转移。而不少领导者对这种转移在最初并不是十分清楚的，从而造成了领导角色行为的冲突。

　　组织对领导者的期望存在明显的偏差，有的过于夸大其职责，而有的则存在着矛盾，这些期望缺乏统一性，从而影响了组织的发展。尽管领导者竭尽全力去扮演各种角色，但他们仍然无法达到所有人的预期目标。

　　领导者的个人角色把握存在失衡的情况，这可能是由于他们对角色的理解不够准确，认为当上官员只是为了谋取私利；也可能是因为他们过于自负，承担过多的角色；还可能是因为他们的角色扮演技巧不够熟练，没有足够的艺术性，或者是故意作假、搞形式主义，这些都会导致他们的角色行为失去正确的方向，从而影响他们的领导能力。

　　（二）利益所致

　　由于组织不同成员在利益需要和利益分配方面的差异所导致的领导

冲突，我们一般可称之为利益冲突。

这里所谓的利益需要和利益分配，主要指如下几方面：

1. 权力分配与使用不当

自进入改革开放新阶段后，企业权力分配与使用方式也变得更为多样化，但仍然可能出现一定程度的问题，这些问题可能是由于企业管理层内部的矛盾激化所致。其中最典型的是企业领导不和，部分企业实行主管负责制，主管不能发挥应有作用；也有的企业是主管领导下的集体负责制，在这种情况下，如果主管不甘寂寞，冲突就是必然。集体认为应该由其负责，主管则认为归其领导，结果陷入无休止内耗中，这样的事例在现实中几乎随处可见。权力分配与使用不合理，还有另一种情况，即上下级之间关系处理失当。有的上级领导揽权过多，使下级管理人员成为"跑腿"，导致其无法发挥主动性；有的上级领导控权不力，造成权力旁落，使组织客观失去控制，这些都是不可取的。

2. 本位存在问题

由于领导者们的利益和兴趣各异，他们往往会把自己的想法和意见强加给组织，从而导致宏观决策和利益分配上的矛盾。然而，这种矛盾往往是由于领导者们自身的行为和偏见造成的。

除此之外，其他方面还有：因为相互争抢人员、设备、资金、资源等；因为分工不合理、负担不均衡等；由于工作目标不同，如设计、生产、销售等部门的工作目标差异而带来的需求矛盾等，都容易导致某些冲突。

综上所述，由于各种利益矛盾的存在，领导冲突的发生变得更加明显，而其他因素也都在某种程度上影响着这种冲突。

二、价值观与认识存在差异

领导者的角色和利益之间的矛盾，可以被视为一种结构性的原因，它可能会导致一系列的冲突，从而影响到整个社会的发展在这里，我们将重点关注价值观和认知差异，并将其视为一种历史演变过程。在这种演变过程中，价值观和认知因素可能会产生一定的影响，从而可能引发或消除一些领导冲突。由于领导行为必须针对不同的社会背景和需求，才能够得到真正的实施。

（一）价值观存在差异

价值观是一种深刻的思维模式，它反映了人们对事物的认知和理解，它是一种普遍的价值观，涵盖了各种价值观、主体和客体之间的关系，是价值意识的最高表现形式。然而，由于社会习俗的限制，人们通常将价值观定义为一种价值观念，而不是一种具体的行为准则。价值观念是一种深刻的、持久的认知，它源自人们对客体价值的深刻理解，并以此为基础，不断地发展和演变，最终形成一种稳定的、具有明确价值追求的思维模式，以满足人们不断变化的需求。如通常所说的"时间就是金钱，效率就是生命，信息就是财富""人才是一切资本中最宝贵的资本"等，就是人们关于时间、效率、信息、人才的价值观念。

价值观念是一种深刻的思想，它涵盖了价值观的目标、方向、追求、信仰、标准以及规范，它不仅具有普遍的共性，而且还具有独特的个性，如社会性、历史性、集体性、规范性、稳定性以及凝聚力等。价值观念在领导者的行为和组织活动中扮演着至关重要的角色，它们的基本表现形式是：

第一，定向功能。价值观念的核心在于对理想的追求，它赋予领导者一种独特的价值观，以实现其特定的理想目标，从而推动社会发展。

第二，动力功能。价值观念既然首先表现为一定的价值目标和价值追求，因而它又必然是领导主体前进的巨大动力。价值追求是一种对领导者利益的追求，它可以激发领导者的积极性和决心，从而起到重要的激励作用。价值观念则提供了一种明确的价值标准，以及一套完善的价值规范，它们指明了领导者应该遵循的原则，以及应该坚持的方向，应该反对的方式，从而促使领导者朝着既定的价值目标不断前进。

第三，权衡功能。价值观念是一种衡量标准，它可以帮助领导者做出正确决策。拥有相同价值观念的人会根据自己的判断来决定是否做出正确的选择，而拥有不同价值观念的人则会根据自己的判断来做出不同的决定。然而，这种标准仅仅是一种普遍的、概括的价值观，缺乏具体的指标，无法提供量化的结果。因此，价值观的权衡作用通常是一种自发地、习惯性的，受到思维定势的影响而产生。

第四，价值观念具有重要的调节功能，它可以激发领导者改变客体的现状，使其朝着他们所期望的方向发展。这种调节不仅可以定向、激励、权衡，还可以从观念层面延伸至行为层面，对领导者的行为和组织的生活都有着深远的影响。

随着社会发展的不断推进，价值观念的多样性和功能也日益凸显，尤其是市场经济的兴起，更是对组织内部和组织间成员的价值观念产生了深远的影响，从而引发了多种多样的领导冲突。概括说来，主要是下面四种冲突：

1. 信仰冲突

信仰是一种深深植根于人们内心的情感，它将一种具有极高价值的理念、学说或某个人的思想、行为、价值观等视为自身的榜样，以此来激励自己不断前进，追求更高的目标。信仰是以对某种理论、主张、学说、个人的高度信服为基础的，并以信念为基础的，它在信念基础上形成并居于支配地位。信仰有政治信仰、理论信仰、道德信仰及对人的信仰等。一个人形成某种信仰，就会有某种稳定的价值目标、价值追求、价值标准和价值规范。因此，信仰是支配性、主导性的价值观念，是人生的精神支柱。虽然法律允许人们拥有信仰自由，但是当一个组织内部出现信仰分歧时，轻可能会引发矛盾，重则可能会加剧对立，甚至可能导致更大规模的组织冲突。因此，领导者应该努力协调和尊重人们的信仰。

2. 信念冲突

信念是一种深信不疑的态度，它认为某种行为一定会带来积极的结果。如必胜的信念、对未来的信念、人定胜天的信念。信念包括信心，但它比信心更深刻。它是对理论的真理性、行动的正确性、事业的正义性的确信。信念是一种深刻的思想，它涵盖了理论、政治、艺术、道德、行为等多个方面，它们都能够帮助我们更好地理解世界，更好地实现我们的目标，并且成为我们生活中不可或缺的精神支柱。由于价值观念的不同，人们的信念也会有所不同，从而引发冲突。这种冲突可能会对组织造成深远的影响，甚至可能导致组织的瓦解和解体。

3. 理想冲突

理想是一种激励人们不断努力去实现的宏伟愿景，它是建立在对未来的准确预测和客观规律的基础上，旨在满足个体的利益和需求。理想不仅是个体追求的最高目标，也是领导者努力实现的价值目标，它可以指引领导者的行为，发挥着重要的作用。因此，理想中的冲突可以被视为目标的分歧，这将导致行动的失衡，进而削弱领导者的表现力。

4. 利益冲突

从价值观念的角度来看，利益冲突是三种冲突的综合体，因为它们都会影响到人们的行为和决策，从而影响到社会的发展。从不同的角度来看，利益冲突是一个复杂的系统，需要我们认真思考和处理。而利益从各个视点来看，又是一个综合系统。所以它是信念差异所导致的领导冲突的最后"演练场"，也是领导冲突最现实、最本质的体现。

（二）认识存在差异

人类的认知过程是一个复杂的、充满矛盾的多元化进程，尤其是在当今社会，人们的认知活动变得更加复杂，更加独立，而且，人们对于各种事物和问题的观念框架以及思维模式也发生了巨大的变化。因此，在某些社会组织中，领导冲突可能会变得更加复杂。

这里所说的认识，主要是指处于特定社会组织条件下的个体认识。影响个体认识的，除了先天的遗传因素以外，还有社会文化（诸如教育的、艺术的影响等）和认识环境。这里面认识发生的具体环境尤其重要。

环境对于认知者来说是一个重要的外在因素，它反映了认知的真实状态。它与认知者之间的交互作用和影响，构成了一个独特的认知场。这个认知场是认知发展的基础，具有强大的力量、生命力和持久性，但也受到个人的经验、知识、思维等的限制，从而限制了认知的范围。尽管认识范围和深度都存在一定的局限性，但是这些局限性更加明显：首先，由于缺乏足够的调查和考辨，无法全面了解要认识的对象；其次，由于过分依赖感性经验或过分依赖理性知识，尤其是在懒惰和自负的情况下，更容易出现偏差；最后，由于领导者的信息往往不是通过亲自调查搜集而来，因此很难保证信息的准确性。尽管一些自己出面进行的调查可以提供一定的信息，但由于仅仅是一两次，无法完全准确可靠地收集所有信息，这种复杂的局限性很容易使领导陷入误解，从而导致领导之间的矛盾和冲突。

从认知角度来看，这些对领导团队产生影响的误解可以归纳为三类：

领导者在与被认知的对象进行交流时，可能会出现感性误区，这种误区可能会导致他们的决策失误。例如，他们可能会轻信谣言，不愿意亲自调查研究，而只是凭借"走马观花"的简单信息做出决定；或者，他们可能会只看到表面，而忽略了整体情况。这些对于领导的理解能力和工作效率都会产生负面影响。

领导者在处理感性经验时，往往会陷入知性误区，这种误区包括以第一印象作为判断标准，以及倾向于依赖局部现象和以往经验来推断事物的本质，这种偏颇的观点往往会使得他们的认识受到片面性和经验论的影响。

理性误区指的是，领导者在处理事务时，由于主观因素的影响，可能会出现判断失误、偏袒某一方、坚持己见、不顾他人感受、不顾他人利益等情况，从而导致他们在做出决策时缺乏创新思维和开拓进取的精神，"依葫芦画瓢""随大流""人家怎么办咱怎么办""以前怎么如今怎么办"就是很好的例子。总之，他们总是跟在别人后头跑，毫无开拓进取意识。

上述几个误区也充分表明，领导者如果只有个体认识，其局限性是不可避免的。为了克服这一缺陷，领导者必须努力将个体认识导向群体认识，千方百计追求与群体的认同和一致，在与群体的协作与共振中完善自己。当然，群体也并不是终极。群体本位有时也会产生错误的观念和认识误区，但它毕竟比个体认识的正确比率要高得多。故此领导者应依据群体的不断实践，去克服主观主义，积极地完善领导效能。

三、工作方法以及个人秉性存在矛盾

在工作方法与个人禀赋之间的矛盾，可以被视为领导冲突的根源。如果将领导活动视为一个复杂的系统，那么这种冲突的根源可以概括为从本体论出发，经过认知论的推演，最终演变为方法论的推演，形成一个完整的推理系统。

（一）工作方法存在矛盾

方法问题一直被认为是最重要的课题，尤其是本世纪后半叶，它的重要性日益凸显，多次被提及，并且多次被列入国际学术会议的重要议题。巴甫洛夫曾经指出，"方法""最主要和最基本的东西"对于研究的严谨性和行动的正确性具有至关重要的意义。但可惜的是，随着科学技术的发展，许多宝贵的实践经验和技巧都已经消失，"敲门砖"中提出的实践和"实践"的理念也随之消失，从而使人们无从深入探究如何解决问题，致使研究变得更加困难。人们必须重新思考，才能真正掌握它。

通过探索、调整、创新，我们可以更好地理解、把握和利用这个宇宙，从而促进个体的成长、社会的进步，这种成长不仅仅局限于心灵层次，也涉及肉体层次，它的目的就是让个体与宇宙保持同步。因此，方法是人类生命活动中须臾不可离开的东西。人们无数次地接触它，应用它。小至日常生活的穿衣、吃饭、睡觉，大至国家、社会的生产实践与政务活动，都是在一定方法指导下按特定方式进行的。所以，掌握和分析现实中的领导工作方法，对于探索领导冲突的原因具有十分重要的现实意义。

方法按照人类活动的基本内容，可划分为认识方法与实践方法。领导工作方法一般地说来属于实践方法，它是关于特定领导活动与领导工作的方法。这种方法具有明显的目的性、鲜明的物质性、突出的动态性等，主要包括人事组织方法、业务管理方法和认知决策方法等三种类型。这三类方法除了依赖于各自特定的环境外，更多地带有极强烈的主体色彩，从而造成不同领导者的工作方法也千差万别。差异或矛盾主要体现在：一般性号召与个别具体负责的矛盾，重经验与重理论的矛盾，物质客观性与精神主观性的矛盾，民主参与集中领导的矛盾，严格管理与放任自流的矛盾，充分授权与过分越权的矛盾，法治与人治的矛盾等。尽管这些矛盾并不是同一层次或侧面的，可能互有交叉，但是它们的出现无疑都会在不同程度上引发领导冲突。领导工作方法方面的冲突如果仅仅局限于方式方法，那么冲突的协调并不是什么困难的，至多只是个技巧性问题。问题是方法总是反映或受制于某种观念。如果是由方法而折射着观念上的冲突，那么这种冲突的协调就有了相当的难度。特别需要指出的是，在方法和观念的背后，往往隐喻着冲突者的利益。在这种情况下，我们再幻想通过冲突者自身来协调冲突，几乎是不可能的。因此，我们切莫看轻了由于方法而引发的领导冲突。

（二）个人秉性存在矛盾

个性可以被视为个体的基本能力，当个体被纳入社会结构时，他们就可以拥有自己的个性，从而发挥出自己的价值，从而实现自我价值的实现。随着时间的推移，个性也不断发展，最终演变为拥有自己的个性的个体。个人属性通常情况下主要包括能力、气质、性格和意志。

能力是个性的重要特征之一。它反映了人的各种先天固有和后天形成的素质的综合水平，表现为一个人顺利完成某种活动的自身条件。能力包含两方面内容：一是外显能力，指人从事外部实际活动，进行实际操作的自身素质；二是内隐能力，指人从事内心活动，进行思维的自身素质，如记忆、抽象、判断、概括、推理、想象等。领导者的任何有目的活动，往往是外显能力与内隐能力协调综合、统一运作的结果。不同人的能力是有差异的。由于每个人的先天素质和后天教育培养以及社会实践生活等方面的不同，每个人的能力水平也有所不同。这种能力水平的差异往往是导致领导冲突的能力致因。

气质是个性心理品质的又一重要特征，通常指人的脾气、性情等。"基本特征"是一种完整反映个人行为特质的量表，它能够准确地反映出人的情绪、思维、反应能力以及其他重要的情绪状态。根据其表达方式，这种情绪状态可以分为多血质、黏液质、胆汁质、抑郁质四类。卡尔·荣格认为，通过观察一个人的行为，可以将其归类为两类：一类是具有内在特征的，另一类是具有明显的外在特征的。由于人的生理条件尤其是神经类型的差异和后天环境的影响，每个人的气质彼此多有不同。即使是同属一种气质类型的人，彼此的气质也会存在差异，有时甚至会很大。这种差异既是社会个体差异的主要内容或标志，也是在组织活动中导致领导冲突的个体的重要原因，通常情况下称气质致因。

性格作为个性中的最重要原因和最显著心理特征，是一个人个性的核心和本质属性。这种情绪可能会在某种程度上影响到某种人的思维模式，也可能会影响到他们如何看待外界的环境，并且会影响他们的日常生活。它是一个人特有的、稳定的个性特质，并总是在个人的行为中深深打下个人特点的烙印，是一个人本质的具有核心意义的个性品质。一个人的性格始终贯穿于他的全部行为中，并表现着他的品德和世界观。同时一个人的兴趣如何、才能程度表现怎样，也往往以他的性格为转移。性格有好坏之分，这一点与气质迥然不同。由于性格不是先天赋予的，而是在长期社会生活实践中逐渐形成的，因此会明显带有价值观和世界观的成分以及习惯性行为方式的特点。而这些因素本身是有着明确的好坏区别的。人们一般总是把正直、勤劳、勇敢、谦虚看成良好品格的标志，而视阴险、懒惰、骄傲为不良品格的标志。性格的这种复杂的、多侧面和多样化的特征，正是导致组织内部领导冲突的重要心理根源。很多领导冲突的出现，往往并不是因为是非、权益问题，而是因为性格方面的不相融容。

第三章　企业高管团队内耗的类型

内耗依照不同的标准，可以有不同的分类。就其社会内涵说，主要有如下几种。

第一节　普通型内耗

一、功利型内耗

由于经济利益和功名利禄的竞争，导致了企业内部的矛盾。这种矛盾通常出现在企业利益重新分配的时候，比如职位晋升、薪酬调整、职称评定、住房分配以及奖金发放等。这种矛盾不需要任何人的介入就能够得到解决。一旦发生，原本平静的群体可能会迅速爆发出强烈的反应，一个单位或一个群体的活力可能会迅速消失，就像一场大病后的虚弱状态。而且，即使是在这种情况下，人们之间的和谐关系也可能会持续很久。

二、人格型内耗

这种内耗既无权力之争的特点，又无功利之争的色彩。这种内耗没有明显的权力斗争和利益冲突，但却可能会导致一些人的思维、文化和心理素质的不足，从而影响他们的人格发展。鲁迅先生和国内外心理学家都曾对此作出了深入的探讨和指导。他们认识到，一个人应该欣赏他人的长处，并且鼓励他们的成长。当他被认定比其他人更优秀时，可能会面临自我价值感受的挑战，导至其出现人格内耗。他会试图使用"抹黑他人"的手段，来维持他内心的失衡。他会尽力去搜集"信息"，无论它们是真实或虚构的，将其视为"炮弹"，甚至会进行捏造、攻击和诋毁，同时又感受到内在的矛盾和冲突。

三、个性型内耗

每个人皆可成功，因个性而异。当我们组成一个团队时，我们应该充分考虑到个体的个性，并以此来促进协作。这样，我们才能够更好地发挥我们各自的优势，并且能够更好地实现我们目标。然而，这种做法可能带来负面影响，譬如产生矛盾，甚至引发冲突。因此，我们应该谨慎地选择我们所组成的团队。

以例子来具体阐释便是，一个具有完美个人特质的副总往往无法和一个具有粗暴个人特质的副总和睦相处，同样的，一个具有快速行动的副总往往无法和一个缓和行动的副总和睦相处，甚至会发生冲突和矛盾。因此，当一个拥有强烈反差的领袖加入一个组织中时，他们能够带来的积极影响力远远超出了消极影响力，从而保证了组织的稳定与发展。

四、事务型内耗

"事务型内耗"通俗地说，就是当面对复杂的、涉及众多员工的任务时，因为协调和沟通的问题，员工们会出现分歧，从而造成的损失。尽管它可能存在一定的随机因素，但它仍然会出现在企业的日常运营和决策过程当中。根据系统理论，任何系统都是由很多个部分构成的，每个部分都可以单独存在，也可以与其他各部分建立关联。因此，企业的运营也需要各个部门的协同配合，以实现其总体的发展目标。每个部门可以单独存在，但也可以与其他部门建立关联，以实现其最终的战略愿景。

许多公司的运营活动都依赖于不同的部门之间的合作，特别是那些采用项目驱动的公司，他们不得不从不同的部门招募专家来组建一支小型的项目团队，而且还必须由负责监控的领导来确保每一步的执行。在项目合作过程中，各个部门负责人都像木板，根据木板原则，任何事情的进展都与部门负责人的能力有关，因此，在选择负责人时，应该重点考虑哪些部门负责人的能力。尽管大多数员工的技术水平和经验都很高，但仍存在着因为员工个人的失误导致公司整个运营系统出现问题的情况。尽管这些情况可以归因于个人的失误，但仍是非常普遍的现象。随着企业产品质量的不断提高，销售与生产部门的领导者们会因此展开激烈的竞争；同样，企业的回收率不佳，会引起财务与销售部门领导者们的激烈讨论。当出现这样的情况时，将会引起领导者们的激烈斗争，最终造成企业的内部矛盾。

五、政治型内耗

这种内耗是源于政治性的利益所争而发生的。"虔诚"具备极高的政治意识，其背后暗藏着极其复杂且难以言喻的政治目标，被以虚假、欺骗和煽动的方式隐藏着。然而，尽管如此，"虔诚"仍然具备着令人敬畏的公平和公正，仍然吸引着大量的支持者前往。

六、制度型内耗

伴随改革开放的深度推动，中国的现代企业数量迅速增加，但由于发展时间过短、规模偏小、企业制度尚未健全，使得大多数中国企业仍然面临着文化差异的困境，许多传统的管理方式、方法仍然受到外国文化的影响，从而导致它们无法适应当地的环境，从而影响到当地的经济社会发展。由于中国几千年的传统政权和政策的深刻影响，许多公司倾向于采用传统的官僚体系，从而无法实现期望的目标。此外，缺乏有效的企业制度也成了造成公司内部资源浪费的重要原因之一。

在企业制度的建立过程中，可能引发高层领导者与员工之间的冲突的问题包括：首先，员工晋升的制度问题。由于企业的结构呈现出金字塔状，每位领导者都拥有唯一的职位，因此，如果员工想要获得晋升，就必须先打破之前的平衡，然后再进行晋升。由此可见，高层领导和下属员工之间有自发的竞争机制，他们希望能够通过努力工作来展示自己的能力，从而得到企业的认可，有时会公开、明确的进行竞争，即："明争"。而"暗斗"则是一个更加复杂的过程，可能需要更多的时间和精力来完成。一个重要的因素就是如何合理的安排员工的工作。一些公司没能明确规定员工的工作范围，导致员工之间的工作冲突。此外，员工之间的工作负担也可能不平衡，导致员工之间的工作压力增加，甚至出现内部冲突。因此，我们需要建立一个明确的员工工作目标、工作流程、工作绩效考核机制。"不患寡而患不均"提出一个重要的观点：即要实现公平的利益，就必须完善和改善公司的利益分配机制。每一位员工都可以从中受到公平的回报，因此，公司必须认真落实这一原则。企业高管副职是企业发展的重要支柱，他们的付出和贡献是企业发展的基础，因此，他们应该得到更多的回报，但是，由于许多企业缺乏科学合理的利益分配机制，使得他们的收入无法得到公平的对待，从而无法给予他们应有的回报。这种情况不仅会削弱高管副职们的工作热情，还会导致他们之间的猜忌和不满，如果持续下去，就会导致内部矛盾。

第二节 三栖型内耗

从近年来一些国有企业的相关调查情况看，国有企业"内耗"表现在现代生产的实践领域，大体可分为以下三类。

一、复合型内耗

工作缺乏总体规划，操作不求实际效果。

二、失控型内耗

指不注重扭亏增盈，不在经济效益上下功夫、花力气，一味强求客观条件、外部环境，寄希望于市场好转，政策优惠和政府扶持。由于缺乏有效的宏观和微观管理，以及违反了市场经济的原则，导致了大量的过度投入、粗放式的生产、财务困境、产品质量下降、员工薪酬受损，最终导致"内盗"和"内耗"的出现。

三、斗争型内耗

企业相互间不求团结协作，葬送企业竞争力，影响发展生产力的"窝里斗"。

引发企业内耗的原因，主要有制度建设未配套，保证监督不得力。约束机制不到位，职工工作责任感差。近些年来，国有企业在从计划向市场转轨的过程中，有的上级主管部门对企业决策、领导权力、经营承包监督制约不力。

第三节 特殊型内耗

特殊型内耗，这里主要指机关单位内耗，其特点是隐秘且持久。

机关单位内耗是一种复杂的系统性问题，它可以表现为"能量耗散"的无序化衰变、"隐性病毒"的持续性、"毒素"的持续性以及"隐疾顽症"的持续性，这些问题都可以通过组织行为学的方法来解决。关于特殊型内耗，主要体现在以下几个方面：

一、扭曲组织价值目标

任何组织都应该坚守其理念，并将其理念转化为行动。然而，当某个领导人忽略了"为公为民"的理念，将其他人当作"私家领域"，滥用权力，支持"扈从"，攻击其他人时，这种行动就可能演变成"各拉一派"，从而引发各方的矛盾。如果不重视这些原则，那么公共机构的价值观就有可能被歪曲，从而造成机构的衰落，甚至崩塌。

二、畸变组织制度程序

公共组织的设置和运行，都有一定的法律规定和制度程序，这是组织正常运行的合法依据和制度保障。但陷于"内耗泥潭"之中的组织，往往处于组织"无序化衰变"之中，组织的"民主集中制"原则可能被"虚置"，组织"集体决策"的制度程序可能被"虚化"，组织成员的监督制约可能"无从表达"，被内耗撕裂的领导两派之间更无法真诚的"集体议事"。一般的趋势是，组织内耗越严重、越持久，对组织的制度程序造成的"损伤"越大，其"畸变"的程度越大，对组织造成的危害越严重。

三、异化组织运行逻辑

当组织的价值观和目标达成一致时，它的制度和流程会得到严格执行，从而使组织的行为保持正常的运作。然而，在内部分歧严重的情况下，组织的领导者会采取"各拉一派"的方式，每个人都会按照自己的"派系逻辑"来行事，从而使"小圈子"的利益受到"盛行"的影响。大部分群体未能参与"小圈子"，他们可能会在"茫然无所从"中停滞不前，无法采取行动。然而，当这些组织内部分的能量和资源被消耗殆尽时，它们的运行逻辑会发生逆转，甚至会产生相互抵消的效果。

四、蚕食组织文化生态

组织文化生态不仅仅是一种表象，而且更多地代表着组织运营方式、管理模式以及组织"正向激励机制"所形成的深刻思想。它不仅可以激励组织内部形成一致意见，更可以激励组织内部形成一种有效沟通、有效协调、有效利用组织资源，从而实现组织内部资源有效利用。在这个持续的内部腐败的环境下，缺乏积极的激励措施，"小圈子"的流言蜚语横行，领导们也会故意鼓吹"告密文化"。"传闻"的流言蜚语在"小环境"的流传下，甚至"正气"也难以抗衡"邪气"。

综观"冠冕堂皇，理直气壮"和"势不两立"，大多数内耗活动以其阴险、恶意和欺骗为特征，其中包括虚假宣传、谣传、诽谤、指控和攻击，以及利益相关者利益最终导致"小报告"和"冠冕堂皇，理直气壮"等，这些行为均以"势不两立"为基础，以欺骗为特征，以达到自己的利益最终目的，而"小报告"则以其特点和影响力为基础，来实现自己的利益最终实现。大部分内耗都是由权力因素引起的，而这些权力因素又以报告为中心，在各个方面发挥作用，从而导致组织内部内耗不断，加剧了其走向负面的那端。

第四章　企业常见内耗的机理分析及测度

第一节　企业分配过程中的内耗生成机理

无论国有企业、合资企业，抑或私人企业，其在内耗方面都具有普遍性、多样性的特点。不同的企业，以及在企业的不同发展时期，企业内耗的主要类型及表现方式会有所不同。按内耗的诱因，有利益冲突引起的，有意见不同引起的，也有情感不合引起的等。在实际工作中，意见不同及情感不合引起的内耗中相当一部分属于由利益冲突派生。这里，将以企业中常见的由利益分配引起的内耗为例进行详细阐释。

一、个体贡献的相对性及其认识的非客观性

虽然代表各要素的人被组织在同一企业内部工作，但他们仍然是不同的个体，有不同的利益诉求。在企业中，每个个体都非常关注三个涉及切身利益的问题，一是自我为企业做出的贡献，二是自我从企业中获取的收益，三是自我的收益与贡献比值同他人的比较。不同的人对企业的贡献确实存在着差别。理论上，依据每个人对企业总收益的贡献来核定其应得利益是公平的，也最无争议。但企业是一个协作生产的组织，大多数情况下，

个人的贡献难以精确测量，所以对其他人贡献的评估也难以做到客观公正，在一般情况下，每个人都有可能过高地估计自己的贡献，低估其他人的贡献。

二、分配公平的相对性及其认识的非客观性

实践证明，企业的分配问题，是各种矛盾汇聚的焦点。即使企业领导人想做到公平，最后也会发现，所谓公平的方案仍然不可避免地受到一定范围的质疑。一般情况下，利益分配上的矛盾多数由下列原因造成：（1）个体对自己的贡献判断不正确，偏高或偏低，以偏高为主；（2）个体对他人的贡献判断不正确，偏高或偏低，以偏低为主；（3）个体选择的比较对象，根据自己的收益/贡献比值，有意识地避开不利的案例，而选择有利的案例，即使后者只是特殊个案。因而，最终不管采用何种分配形式，都必然存在下列各种情形，如表2所示：

表2 贡献—收入—公平感组合情况

编号	实际贡献	分配收入	是否感到公平
1	大	高	不公平
2	大	高	公平
3	小	高	不公平
4	小	高	公平
5	大	低	不公平
6	大	低	公平
7	小	低	不公平
8	小	低	公平

相反，对于编号3，该个体贡献少收益大，仍然感到"不公平"，似乎有悖常理，但现实中仍也有存在。究其原因，大致有三点，一是该个体确实不了解自己的贡献，以为自己贡献应大于所获利益；二是该个体意识

到自己获利太高，担心这种状态会随时被纠正，于是隐瞒了自己的真实感受；三是该个体认为有比自己贡献更少收益更高的人存在。对于编号6，该个体贡献大，收益小，理应感到不公平，但他却感到公平。这也说明了两个问题，一是该个体对公平与否不敏感，二是该个体过低地估计了自己的贡献。不过，实践表明，这样的案例极少。从上述分析可见，做到利益分配的公平本身就是一件困难的事情，而要让大家感到公平，就更加困难。但个体对"公平"的感觉是决定其工作态度和影响其工作绩效的一个重要因素。一般情况下，个体对"公平"的感觉比"公平"本身的影响还要大。

三、分配不公及个体的不满导致的内耗

分配本身的公平与否及个体对分配结果的满意程度将直接影响个体的行为方式。美国心理学家亚当斯的研究报告说明，当个人在组织中的报酬与投入之比和他人的报酬与投入之比不平衡时，就会产生不公平感。这种比较关系如下式所示：

$OA/IA = OB/IBA$ 感到公平（满意）

$OA/IA > OB/IBA$ 感到不公平（私下满意）

$OA/IA < OB/IBA$ 感到不公平（公开表达不满意）

式中：A、B表示相比较的两个个体；O表示个体通过工作从组织中获得的报酬或产出，如工资、尊重、赞赏、提升等；I表示个体投入工作的努力，如时间、产量、质量、学历、资历、经验、职位、对工作的努力程度以及对组织的忠诚等；OA/IA 和 OB/IB 分别表示个体A与B的"所得的收益"与"所投入的努力"之比。

当员工感到不公平时，一般会采取以下5种选择中的一种或多种：（1）歪曲他人的投入或产出；（2）采取某种方式的行为使他人改变投入与产出；（3）采取某种方式的行为使自己改变投入与产出；（4）选择不同

的比较对象；（5）改变环境，进入新组织去工作。

对于（1），"歪曲他人的投入或产出"，是高收入/低贡献者可选的一种方式。假如，你要降低"高收入/低贡献者"的收入，那么，他就会歪曲其他高收入者的贡献，要求其他高收入者也必须降低收入。这样一来，迫使其他高收入者面临着同样的压力，他们为了不被拉下水，又不想花精力去应辩，也不得不"容忍"这种攻击。另一方面，真正的高收入/高贡献者，或许会从这种较量中获得"启发"，原来，要保持高收入尚有其他门路，何必那么辛苦呢？真正的高收入/高贡献者也可能"理智"地变懒了。

对于（2），"采取某种方式的行为使他人改变投入与产出"，这也是高收入/低贡献者可选的一种方式，迫使其他高收入者减少贡献。这样一来，彼此的贡献差不多，大家都没有了压力。如果其他高收入者不"听话"，可能会遭受嘲笑或刁难等。

对于（3），"采取某种方式的行为使自己改变投入与产出"，这是低收入/高贡献者可选的一种方式。一般地，当低收入/高贡献者争取高收入无望时，他只能采取降低自己的贡献了，而且这种方法执行起来既隐蔽又有效，且不伤及他人。

对于（4），"选择不同的比较对象"，这是各种收入者都可选的一种方式。一般而言，无论个体处在何种收入状态下，他都可能发现比他收入更高而贡献更少的人，这样一来，他或者认为自己的收入是合理的，或者认为自己的收入不高。极端情况是，本来贡献就不大的人，一旦认为自己的收入不高，有可能会采取继续降低贡献的做法；或者，本来认为自己收入与贡献是公平的，但因"发现"了贡献更小的人收入与他一样，他也会产生不满意感。

对于（5），"改变环境，进入新组织去工作"，往往导致人才流失。

若企业管理者缺乏扭转这种状况的有效措施，整个系统就会在这样一个反反复复地"发现/比较"过程中，产生、激化矛盾，导致不满情绪增加，最终使企业的有效产出下降。

四、职位晋升导致的内耗

关于职位晋升导致的企业内耗，国有企业、合资企业以及私有企业等都不可避免，且都会反过来对这些企业带来不等程度的负面效果。在这里，主要以国有企业为例进行详细阐释。

（一）职位的稀缺性

在企业中个体职位的高低反映着个体的成就感、优越感以及社会地位。职位的取得，一般需要通过所谓的竞争阶梯往上移。这个过程漫长又残酷。尽管国企是一个相对稳定且封闭的组织，但仍然存在着干部能力不足、职务不平等的情况，只有当其中一位成员升职或离开时，才会出现空缺的职位。供求失衡，竞争激烈，导致内耗滋生。可以说，职位晋升是国企内耗的一个"温床"。

（二）缺少公开、公平、公正的晋升途径

在国有企业中，晋升的途径一般有三条，论资排辈，上级推荐，岗位竞聘。但现实中，任何一条途径的执行都必然掺杂着其他因素的干预。在论资排辈方面，资格和辈分被视为最重要的因素，因此很少会引发争议。那些在企业待了多年的人是"论资排辈"的支持者。但论资排辈的做法本来就有弊端，颇受非议。那么，上级推荐又如何？显然，这将决定于上级的偏好及对被推荐人的了解程度，是一个自由度非常高的"主观"判断，因此，那些与上级关系更好的人，就更容易获得推荐机会。所以推荐法的公正性也受到广泛质疑。相对而言，岗位竞聘算是比较公平的了，缺点是对那些有管理能力却不善于应试的人不利，而善于应试的人未必适合当"领导干部"。实践证明，任何一种方法实行了若干次后，其"弱点"就会被发现并被有意地加以利用。

在国有企业当中，虽然有晋升的途径，但不意味着就有晋升的机会。根据金字塔结构，越往上，晋升越困难，竞争越激烈。总之，由于企业内部的晋升机会非常有限，一个员工的晋升直接降低了另一个员工晋升的机会。

（三）晋升竞赛导致内耗

面对晋升竞争，一般情况下，某些有晋升潜能的人会采取下列几种手段争取：第一种是，提高自己的业绩，降低和限制对手的业绩；第二种是提高自己与关键领导人的亲密度，降低对手与关键领导人的亲密度；第三种是，寻求与其他领导的合，通过这些领导人对关键领导人施加影响；第四种是，寻求外部组织譬（如政府等）官员的从旁支持，从外部影响企业内部的决策；第五种是，胁迫关键领导人，使其同意自己的各项要求，以达到晋升的目的。

上述各种情况都是导致企业内耗的缘由。

以第一种情况分析，一个员工只要把业绩搞好，就更有晋升机会，按理这个思路并没有错。但是，搞好业绩往往要经过一段较长的时间，需要面对各种问题，说起来容易，做起来却非常困难。另一方面，业绩认定常常存在争议，这往往激励当事人夸大个人的能力，降低他人的作用，从而把大量的精力用在这种"竞争作秀"的游戏当中，使企业出现那种人人都自我感觉很好，成绩都很突出，但企业效益却很一般的奇特现象。

此外，业绩的认定权力往往掌握在上级领导手中，搞好业绩，不如搞好与领导的关系，于是，有晋升动机的人员不得不花费大量的时间，去揣摩迎合上级的意图，工作的目标不是企业的经济效益，而是领导满意与否。

从上述其他几种情况可见，围绕着晋升，当事人之间的"竞争"范围将非常广阔，手段也非常多样化，互设障碍，拉帮结派，制造矛盾，以致企业内耗不断。

企业中尚有大批没有"晋升"动力的群体。其中，有些人确实对晋升没有兴趣；有些原有热情，在现实打压下失去了兴趣；还有一些是因为职务到了顶点，没有办法再升了等。但是，身处企业就不可能不受职务晋升的影响，原来同级的人晋升了，没有晋升的人难免产生各种复杂的心态；另一方面，一个新人的晋升，权力结构会改变，从而影响原来的利益格局。

此外，由于领导意见，群众反映，民意测评都可能影响到某一个员工的前程，这样，即便没有晋升动力的人，也直接间接地被卷入到晋升运动中，尤其是那些能够左右晋升结果的人。有些人或者受人恩惠协助他人晋升，或者为了让自己满意的人晋升而与其他人斗争，这种矛盾并不少见。解决矛盾的正常渠道既少，又可能不管用，大家不得不暗地里较劲，消耗大量的时间和精力，导致企业内耗严重。

第二节　企业价值链形成过程中的内耗机理及测度

企业从投入到最终变换成产出的过程，如果抽去具体的产品形式，实质上是价值的生成过程。企业的产出是一个可观察的数据。企业理论上最优产出与实际产出的差就是企业损耗，其中包含了企业内耗。企业管理的目的就是要减少损耗，提高产出。

企业内耗的大小是多种内耗共同作用的结果。那么如何测定内耗的大小呢？最直接的测定就是价值测定法。

我们考察一个简化模型，假定某企业已经建成并处于正常生产中。期初，企业总投入为 V_0，期末，企业的总产出为 V_1。显然，必须满足约束条件：$V_1 > V_0$，企业的经营活动才是有利的。

企业最终的产出为：$V_1 - V_0$，是整个企业的这一时期的创造的价值。

我们继续考察价值链的形成，在此，先提出一个概念——"内部交换"。在企业内部，有些生产者生产的"产品"，并不是提供给最终用户消费的，而只是产品的一个加工工序或其中的一部分，他的"消费者"，是下一个工序或产品的装配车间；有的生产者，提供的是保障生产能够进行的各类服务。各个生产者在企业的生产流程上，扮演着"买方"或"卖方"的角色，中间产品在不同的角色中交换流动，最终形成企业的产品。这种交换方式，我们称之为"内部交换"。

设定生产者 1，从企业投入 V_0 开始，生产产品 P_1，价值 V_1，该产品"卖给"生产者 2，生产者 2 对其进行加工，生产出产品 P_2，价值 V_2。

生产者 1 与生产者 2 的这种交易活动，就是一个典型的"内部交换"。企业生产过程就是多个内部交换链交织而成的交换网。内部交换的起点和终点，都是市场交易。特别重要的是，企业所生产的产品只有完成了市场交易，关于该产品的价值链才能得以实现（如图 6 所示）。

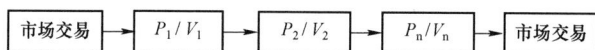

图 6 内部交换示意图

内部交换与市场交易的区别是非常显著的。在规范的市场经济条件下，市场交换体现的是交换各方经过充分的信息交换后各方接受的"公平"交易，但为了使交易能够顺利实现，双方都需要付出必要的代价，用以进行价格搜寻，合同签署，纠纷处理等。但企业内部交换是按企业规定流程进行的，一般没有价格搜寻过程，方式简单，成本较低。

按照科斯的理论，企业之所以出现，就是为了节约市场"交易成本"。实际上，在企业内部，价值交换活动并没有消失，而是以内部交换的形式继续存在和进行。虽然市场交易的那些成本减少了，但在企业内部，为了保证交换的公平性，也需要进行必要的监督，主要任务有，对交换各方产生的价值进行评估，对不合格的价值创造者或过程进行纠正和处罚，等等，这些活动需要企业付出代价，并分摊到每个生产者身上。当然，理论上，这些费用应低于市场交易费用。

为了简化论述，我们设定，生产者 i 创造的价值增量：

$$\Delta V_i = V_i - V_0 \qquad ①$$

其中，V_0 为生产者 V_i 的购买成本；V_i 为生产者 i 创造的可供内部交换的价值。ΔV_i 是生产者 i 创造的实际价值增量，它是在生产者 i 克服了各种损耗后的结果，那么：

$$\Delta V_i = P_i - V_i \qquad ②$$

其中，P_i 为生产者 i 理论上能达到的最优价值创造量；ΔV_i 为各种损耗，其中包含企业内耗。

从①式看，生产者 i 提高 ΔV_i 的手段有：降低成本，提高创造的价值量。

从②式看，生产者 i 提高 ΔV_i 的手段有：降低损耗。

为了保证内部交换的公平性，企业一般都设有某种形式的"评估机构"，对生产者的价值创造过程进行评估。自然，评估值并不一定就是实际值。同样，为了简化，我们设定，对生产者 i 的评估价值增量：

$$\Delta V_i' = V_i' - V_0' \qquad ③$$
$$\Delta V_i' = P_i' - \Delta v_i' \qquad ④$$

其中，V_0' 为评估的生产者 i 的购买成本；V_i' 为评估的生产者 i 创造的可供内部交换的价值；P_i' 为评估的生产者 i 的最优价值创造量；$\Delta V_i'$ 为评估的生产者 i 的损耗。

③式和④式中 $\Delta V_i'$ 对生产者 i 非常重要。它是认定生产者 i 的能力贡献的"官方"标准，也是生产者 i 取得报酬的合法依据。

由①式和③式可见，企业内部交换，客观上是真实的价值在交换，但决定生产者利益的却是"评估"价值的交换。这样，生产者必然更多地关心评估价值。实际 ΔV_i 和评估 $\Delta V_i'$ 有下列三种关系（如表3所示）。

表 3 ΔV_i 与 $\Delta V_i'$ 关系表

编号	ΔV_i	关系	$\Delta V_i'$
1	ΔV_i	=	$\Delta V_i'$
2	ΔV_i	>	$\Delta V_i'$
3	ΔV_i	<	$\Delta V_i'$

理论上，$\Delta V_i'$ 应尽可能接近生产者 i 实际价值增量 ΔV_i，

但在实践中却非易事。一方面，有些个体的 ΔV_i 确实难以测定，另一方面，测定其他个体 ΔV_i 的是企业中的"评估机构"，甚至是这个机构中的少数人。他们能否测定出合理的评估值，取决于以下 2 点：

（1）愿不愿测定出合理的评估值；

（2）能不能测定出合理的评估值。

这二者共有 4 种组合，如表 4 所示。

表 4 评估值测定状态组合

编号	愿意不愿意 测定出合理的评估值	能不能 测定出合理的评估值
1	愿意	能
2	不愿意	能
3	愿意	不能
4	不愿意	不能

某些情况下，即便"评估机构"愿意做出合理的评估，但由于能力不足，也未必能提供正确的数据；而如果"评估机构"本来就不愿意做出合理的评估，那么，他们给出的评估数据就更具随意性和不可信度。

以生产者 i 为例，他要获得更高的 $\Delta V_i'$，从③，④式可见，他只需让"评估机构"做出下列六个选择中的一种：

（1）高估 V_i'；

（2）低估 V_0'；

（3）高估 V_i'，同时，低估 V_0'；

（4）高估 P_i'；

（5）低估$\Delta v_i'$；

（6）高估 P_i'，同时，低估$\Delta v_i'$。

一般情况下，若企业人际关系复杂，则具有企业监督职能的"评估机构"也将反映出人治的特征，一是在评估过程、评估结果中体现领导意志，使评估活动服务于企业内部的权力斗争；二是利用评估权威进行利益输送；三是权力寻租，谋取私利。

当企业"评估机构"的能力不足，或本来就不想做好评估，对生产者 i 而言，他的价值增量评估值$\Delta V_i'$既可能被低估，也可能被高估。那么，他为争取更高的$\Delta V_i'$的积极性就会大大增加。这里分二种情况，一是当评估机构的评估能力不足时，向其提供虚假的信息，从而使自己的"偷懒"行为不被发现和处罚；二是向评估机构施加影响，使其作出对自己有利的评估。上述努力一旦成功，就会成为范例得到进一步的强化和在组织中蔓延。然而，这种努力只消耗企业的资源，不为企业创造价值，而且往往引起各种利益冲突，包括生产者与生产者之间，生产者与评估机构之间，评估机构内部成员之间的矛盾，这些矛盾很容易转化成企业内耗。

在企业的价值生成过程中，不合理的评估导致企业内耗，企业内耗又导致价值创造的数量和质量的下降；价值创造的下降又将加剧企业的内部矛盾，从而加剧企业内耗。如此形成循环。

改②式为：

$$\Delta V_i = P_i - \Delta V_i \qquad ⑤$$

表示，生产者 i 的损耗是其最优价值创造量减去实际价值创造量。影响ΔV_i的因素分为企业内耗因素和非企业内耗因素，那么：

$$U_i = K_i \Delta V_i = K_i(P_i - \Delta V_i) \qquad ⑥$$

其中，U_i 为生产者 i 的内耗值；K_i 表示生产者 i 的企业内耗因素占损耗的比例。但在企业实践中，P_i 和 K_i 都不易直接测定。因此，对企业内耗的测度需另找途径。

第三节　企业人力资源配置过程中的
内耗机理及测度

一、个体作用机理与群体内耗测度

站在理论角度来看，内耗是以企业系统的环境、结构、要素关系以及文化等构成的函数。这一系列要素对企业"人"的行为带来一定影响，使他们的行为与企业理论上"正确"目标生产出现偏离，导致企业系统无法达到理论上产出的效能。因此，企业"人"在企业内耗生产的机理也成为研究的重点之一。

就企业"人"而言，无论知识技能，还是健康心理等，都能够完成企业物质资本的转化，与此同时也为自身带来相对应的经济收入；对企业而言，这部分能力可与物质资本并肩，可以创造一定价值，但也必须支付相应的使用成本。因此，企业"人"身上独特的能力也属于资本形式的一种，叫作人力资本。其实，企业中依照合同承认的只是人力资本，但因为人力资本在产权与载体上必须做到严格统一，企业为了获得人力资本，必须以接受人力资本所有者来实现这一点。

对于个体人力资本所有者，有两点是企业十分重视的，其一是工作能力，其二便是工作态度。对于能力方面，企业要求，人力资本所有者有能力生产出规定的"产品"，并在成本、质量、数量、时间等指标上符合企业的要求。对于态度方面，企业要求人力资本所有者能与其他生产者进行良好的协作和配合。

对于个体而言，他所拥有的全部人力资本是由多个技能、知识等元素构成的一个 N 维向量若记作 $X[i]$，那么：

$$X[i] = X(x_1, x_2, \cdots, x_n) \qquad ①$$

其中，x_i 表示人力资本的某项指标，如学历，职称等。

企业能够使用的属于个体的人力资本，是其全部人力资本的一项或若干项，这样，被企业认可的有价值的人力资本元素构成的向量若记作 X_i，那么：

$$X_i = X(x_1, x_2, \cdots, x_k)(k \leqslant n) \qquad ②$$

企业也是依据该部分人力资本的大小支付使用成本的。X_i 实际上是一个不断变化的量，"当人力资本载体感到人力资本的使用与自身意志不相符时，他随时都可以公开或隐蔽地'关闭'其部分人力资本"，通常情况下，在受到激励时，X_i 可能向正方向变化，而在情绪低落时，X_i 值可能向负方向变化。设 λ_i 为波动系数，如果将企业的全部静态人力资本若记作 X，那么：

$$X = \sum_{i=1}^{n} \lambda_i X_i \qquad ③$$

但是，为了确保人力资本的最大效能，企业总是一味期望借助管理这项"制度"，对人力资本进行合理、有效的配置，使整体人力资本总量大于单个人力资本之和。

从实践中，人们发现，具有经营才干或掌握有特殊技术的人才属于稀缺资源，而低人力资本的获得却十分容易。为了最大限度发挥人力资本的优势，人们自然更加重视高人力资本的价值，出于提高整个企业组织的总体人力资本的目的，人们根据人力资本的大小或重要程度，赋予每个人力资本一个不同的权值，记作 Q_i，这样，经过赋权后的整体人力资本总量若记作 X_q，那么：

$$X_q = \sum_{i=1}^{n} Q_i \lambda_i X_i \qquad ④$$

Q_i 的存在，对人力资本在企业中的作用，起到了放大或缩小的作用。企业是一个由若干成员构成的网络化组织，元素间存在着相互沟通、协作和制约关系，这种关系的存在，既是提高整个组织的人力资本的必然途径，也需要消耗适当的能量，用以调节成员的关系。由于人力资本与其所有者严格统一的特点，如此一来，虽然企业认可的人力资本是 X_i，但带进企业的是某人的全部 $X[i]$，在产生消耗时，他的全部人力资本元素都将有不同程度的贡献。那么，可以用一个矩阵来描述这种消耗：

$$K = \begin{cases} 0, & K_{1,2}, & K_{1,3}, & \cdots, & K_{1,n} \\ & & \cdots\cdots \\ K_{n,1}, & K_{n,2}, & K_{n,3}, & \cdots, & 0 \end{cases} \qquad ⑤$$

这是对角线为 0 的 n 界矩阵。其中，$K_{i,j}$ 表示，X_i 与 X_j 由于沟通不良或相互抵制而消耗的单位能力，称为内耗系数。这里要特别注意，$K_{i,j}$ 与 $K_{j,i}$ 的值不一定相等。这是因为两个元素的相容度具有方向性，如 X_i 认为 X_j 不错，但反过来却不一定。

元素 $X[i]$，$X[j]$ 之间的内耗值若记作 $F_{i,j}$，那么：

$$F_{i,j} = K_{i,j} f_1(Q_i \lambda_i X[i], Q_j \lambda_j X[j]) \qquad ⑥$$

其中，f_1 为内耗函数，其构成相对比较复杂，但我们可以大致确定它的变量为两个个体的全部人力资本向量。根据公式⑥，企业全部人力资本内耗若记作 F，那么：

$$F = \sum_{i=1}^{n} \sum_{j=1}^{n} [K_{i,j} f_1(Q_i \lambda_i X[i], Q_j \lambda_j X[j])] \qquad ⑦$$

同理，由于管理和协作，$X[i]$ 与 $X[j]$ 的能力获得了加强，这种加强程度可以表述为协作系数矩阵：

$$A = \begin{cases} 0, & A_{1,2}, & A_{1,3}, \cdots, & A_{1,n} \\ A_{2,1}, & 0, & A_{2,3}, & \cdots, & A_{2,n} \\ & & \cdots\cdots \\ A_{n,1}, & A_{n,2}, & A_{n,3}, & \cdots, & 0 \end{cases} \qquad ⑧$$

从构成形式上看，与内耗系数矩阵有相似之处，都是一条对角线为 0 的 n 界矩阵。其中，$A_{i,j}$ 表示，$X[i]$ 与 $X[j]$ 由于相互协作，能力增强的系数。

同理，$A_{i,j}$ 与 $A_{j,i}$ 的值不一定相等。

元素 $X[i]$ 与 $X[j]$ 能量增强数值若记作 $Y_{i,j}$，那么：

$$Y_{i,y} = A_{i,j} f_2(Q_i \lambda_i X[i], Q_j \lambda_j X[j]) \qquad \textcircled{9}$$

其中，f_2 为协作函数，其构成也相对比较复杂，可以近似认为它的变量与内耗函数 f_1 相同，为两个个体的全部人力资本向量。根据公式⑨，整个组织增强的能量若记作 Y，那么：

$$Y = \sum_{i=1}^{n} \sum_{j=1}^{n} [A_{i,j} f_2(Q_i \lambda_i X[i], Q_j \lambda_j X[j])] \qquad \textcircled{10}$$

根据公式④，公式⑦，公式⑩，企业有效的人力资本总和若记作 R，那么：

$$R = X_q + Y - F \qquad \textcircled{11}$$

即企业有效人力资本总和为企业静态人力资本加上人力资本增强部分与内耗值之差。由于 Y 和 F 为两相反因素，因此，企业有效人力资本可高于单个人力资本之和，也可低于单个人力资本之和。

二、以降低内耗为目标的人力资源管理

人力资本与物质资本有异曲同工之处，投资于企业，同样期望获得投资利润以及资本保持和增值。企业必须根据人力资本的大小，制定相对合理的回报保障水平，其最低标准不能低于社会平均回报标准。除此之外，依照企业发展战略，有计划对人力资本实施相关培训、相应奖励以及升职等，以增强企业人力资本储备，满足人力资本所有者对其资本的保值和增值的要求。这些支出构成了企业人力资本使用成本。上述成本若记作 C，那么：

$$C = k_1 \sum_{i=1}^{n} Q_i X_i \qquad \textcircled{12}$$

其中，k_1 为单位人力资本成本。由此可以知晓，不管企业有效人力资

本大于或小于单个人力资本之和，人力资本的使用成本基本不变。根据公式⑪，公式⑫，人力资本创造的价值若记作 V，那么：

$$V = k_2R - C \qquad\qquad ⑬$$

其中，k_2 为单位有效人力资本创造的价值。

从公式⑬可以知晓，当 $k_2R \leq C$ 时，$V \leq 0$，企业全部人力资本创造的价值为呈现负数，这时候企业处于亏损状态。出现上述情况，通常是由下列三种原因的一种或多种造成的：

（1）k_2 太小，即单位有效人力资本创造的价值太少；

（2）R 太小，即有效人力资本总量太少，存在内耗太大的可能；

（3）C 太大，即人力资本成本过高。

很显然，人力资本管理的目的，就是让 C 稳定在特定的范围或慢速增长，而让 V 高速增长。管理的核心，就是通过各种措施，推动企业有效人力资本的总量不断得到提升，进而减少企业内耗等。

在企业中，赋予高 Q_i 值的成员对企业具有更重要的影响深度和范围。从追求高利润的资本本质来讲，每个人力资本都有追求更高 Q_i 值的动机。高 Q_i 值意味着在企业中被重用，个人货币价值和社会价值获得更充分的实现。但是，企业为了其自身的利润最大化目标，必须合理分配 Q_i 值。实际上，只有少数成员拥有高 Q_i 值，他们的人力资本经过 Q_i 的放大，占有企业有效人力资本更大份额，从而获得更高的资本回报。企业使用该部分人力资本支付的成本也相对增大。所以企业在安排高 Q_i 值的时候，必须慎重。高 Q_i 值的分配，一是基于 X_i 值的大小，另一方面，也是基于 $K_{i,j}$，$A_{i,j}$ 的数值。而且，为了长期的健康地发展，企业也需要制定调整 Q_i 的策略和制度，主动调整 Q_i 值，如果一个企业的兴衰取决于个人的决策或个人的去留，那不是企业的荣耀，而恰恰是企业的悲哀。有些企业人事制度僵化，过于迷信少数高 Q_i 值成员作用，结果，反而使企业处于高度风险中。由于员工的 X_i 值有可能发生变化，$K_{i,j}$，$A_{i,j}$ 也可能发生变化，因此，企业必须随着这种变化适时调整 Q_i 的配置。对不断改善 X_i 值的成员，应提高其基本保障标准，赋予更高的 Q_i。

在实践中，企业通过教育培训或激励机制推动成员不断学习来提高 X_i 值；以优良工作环境、奋发向上的企业精神和企业文化促进 λ_i 的正向变化；用健全的制度、先进的管理手段和有效的监督机制，优化和调整 Q_i，稳定和提高 $A_{i,j}$，改善和降低 $K_{i,j}$。

企业成员的 X_i 值是一个动态的量，存优汰劣，不断学习，才能从根本上确保企业整体人力资本的质量；通过降低某些元素的 Q_i 值或删除某些 X_i，可以降低或消除与该元素有关的企业内耗，提高整个组织的有效人力资本总量。

第五章　企业高管团队内耗的规避路径

第一节　树立科学的发展导向

　　古语有言："道不同，不相为谋"，事业成败的基础，高管团队奋斗的力量源泉，都离不开科学发展导向。关于科学发展导向，共分为三个层次：第一个层次，目标导向，具体来讲便是共同愿景，管理理念以及奋斗方面引导；第二个层次，战略导向，具体来讲便是一个企业经营思维以及发展规划的具体体现，主要涉及该企业在发展过程中具备全面性、长远性以及根本性的问题；第三个层次，方针政策导向，具体来讲就是该企业关于经营政策的引导，这也是一个企业生产经营的行动纲领。科学化的目标导向、发展战略以及经营政策，可谓一个企业向前发展的灵魂与旗帜，能够起到统一思想、减少企业内耗、凝心聚力并潜移默化影响企业高管团队以及各层员工行为的重要作用。譬如，例如某集团公司观念落后、人心涣散，发展相对缓慢，新一届高管团队到任后，思路明确，定位准确，凝心聚力谋发展，制定了符合市场规律和企业特色的"三步走"发展目标，在"三步走"发展目标的统领下，结合企业实际，出台了"生产、资本两种经营并举；国内国外两个市场同抓"的经营战略和国内承揽任务"六不揽"和海外经营"五不准"的经营方针。

这些科学化的发展目标、发展战略和经营政策，成为一个企业发展链条上的凝聚剂和润滑剂，成为企业高管团队工作的落脚点以及立足点，也成为一个企业共同遵守的行动准则和防范风险的"红线"，企业高管团队凝神聚力，积极进取，把个人聪明才智以及工作激情凝聚到企业发展的长远目标上，用科学化的发展目标吸引人才，用科学的发展战略凝聚力量，用科学的方针规范，努力培育共同的价值观，营造上下同欲、政令畅通、求发展、干事业的良好工作氛围。如此一来，短短几年，一个企业便会获得迅速发展，经济运行质量也良好，成为本行业的佼佼者当之无愧。

第二节　优化高管团队的结构

"结构决定功能，结构整合资源"。而企业高管团队的整体结构，对企业班子整体素质以及战斗力都有着决定性作用，尤其是企业高层的思想、智慧以及事业心和责任心，包括作为领导的艺术、工作方式，都是在企业内构筑和谐团队，尽可能减少企业内耗的关键所在。因此，要想避免企业高层团队内部出现矛盾，其重要途径之一便是对高层团队结构进行优化，主要从以下三点着手：

第一，在选聘部门领导时，不仅着重于其政治素质、道德品质以及工作能力，个人工作作风及其经验，整体气质以及知识结构储备也要与前者相辅相成，当然，也要注重高管团队不同职位角色所必备的领导能力。譬如，作为公司董事长，必须具备丰富的工作经验，熟悉行业，具备开拓性的眼光以及战略性思维，还能够做到团结并发现人才，妥善处理企业内部各方矛盾，做到有效弥合工作中的各种分歧。而作为公司的总经理，必须对市场有足够的认识和深刻的理解，有较强的经营管理能力，勇于承担责任，遇事能够做到当机立断，是非分明。作为党委书记，其作用也十分重要，要具备较高的政治理论水平，时刻做到自我约束，以身作则，还能够做到密切联系群众，从而用自己的行为规范去影响并带动整个企业团队稳步向前。

第二，企业在配备其他高层团队成员时，主管与副职也十分重要，譬如要重视其在工作经验以及能力方面的相容性，包括年龄与阅历上的层次性。

第三，企业在进行能力组合上，要遵循将某个方面能力突出的人，放置在最需要这种领导的岗位上这一原则，并以此为前提，灵活搭配能力与性格不尽相同的领导者。譬如，开拓进取型企业高管团队，要让有很强决策能力、开拓能力以及敢作敢当的领导担任主要角色，而副职需搭配组织、执行以及协调能力强的领导等。否则，如果把具有同类型能力的人放在一起，就容易产生相互间冲突，使宝贵的领导资源白白浪费。

第三节　严格化的制度与管理强化

"不成规矩，无以成方圆"。高管团队的协调运转，严格的制度体系是重要保障。规章制度是构建和谐高管团队的必备条件，通过对规章制度的遵守和执行，能够进一步保障和巩固团队成员间良好的、健康和正常的合作关系，防止和避免权力滥用，确保决策的民主化、科学化以及规范化，主要体现在以下四点：

第一，通过强化目标管理，将高管团队的工作量化到每一个人，从而更好地将单位的总体目标细化，使得高管团队能够清晰地划分任务和努力方向，并且能够实现对员工的量化考核，从而大幅提升员工的工作效率。

第二，完善岗位责任制，它既要求责任人、权力人、受益人都要负责，又要求各负其责规定的任务要严格执行，从而使每个人的能力和作用都得到充分的发挥，进而达到良好的绩效。岗位责任制的实施，将极大地提升高层领导的责任感，降低团队的开支，从而降低管理的费用。

第三，坚守规范议事规则。议事规则是决策过程中必须遵循的程序和规定，有章可循，有法必依，依规办事，有利于更好地坚持民主集中制的原则，更好地用制度确保企业高管团队决策更加民主、简洁以及高效。

第四，为了促进企业内部的和谐发展，应该努力建立一个完善的沟通与交流平台，通过党政联席会和民主生活会的形式，让高管团队有机会进行互相批评、自我反思，以期达成共识，消除分歧，增强团结，从而有效避免内部矛盾的发生。

第四节　关注团队人文情怀

在减少企业高管团队内耗方面，注重人文情怀是必不可少的环节。高管团队不管是眼光、责任，还是精神、胸怀抱负等情怀对企业管理水平都起到根本性的决定作用。作为企业高管，强化自身修养，让自己具备更强的责任感与事业心是必备条件，时刻做到以单位忧而忧，以单位乐而乐，抗压能力强，能够做到换位思考，乐观待人和事，成为时代强者。然而，要实现这些，企业高管必须做到下面四点：

第一，作为企业高层团队，必须认清角色，找准位置，同心同德。高管团队中的正职，必须有民主意识和大局意识，在监督与被监督两座大山下，将执行民主集中制作为大规则、大学问来对待，要按照"集体领导、民主集中、个别酝酿、会议决定"的原则，不断完善企业高层团队内部的工作分配以及决策机制，从而逐步提升整个企业高层团队的协作能力。

第二，作为企业副职，必须要有正确的心态，譬如切实维护主管的核心地位，在深切领会主管意图之后，调动自身主观能动性，发挥自身创造性，然后开展工作。企业高管之间，高管与下属之间必须做到遇事过沟通交流，在日常工作中相互支持，在名利、荣誉方面正直大度。

第三，企业高管在性格上要相互体谅。在日常相处中，彼此做到尊重，不能高傲自大，造成人际关系紧张，这会影响企业的发展；其次，认真听取他人长处，补己之短，尽可能提升自身修养，共同推动企业向前发展。

第四，企业高层在认知差异上要做到"互相谦让"，下属成员之间做到宽容彼此，相互沟通，严格要求自己，宽以待人，在做人做事方面再接再厉，并努力提升自身思想认知水平，不被面子工程以及眼前名利所阻，珍惜与其他成员合作共事的缘分，注重人文修养，提升自我，维护形象，做构建和谐高管团队的模范，继而为企业发展做出更高的贡献。

第六章　企业高管团队内耗的
调适策略

第一节　打破部门壁垒，实现高产

由于企业内部的壁垒较高，不同部门之间缺乏信息、资源和技术的共享，加上交叉地带的存在，使得企业难以及时发现外部环境的变化，从而导致生产效率低下，抵抗风险的能力大大减弱。

作为企业管理者，应当了解组织或企业的方方面面，否则这个位子也轮不到你来坐。既然如此，不管发生什么样的情况，管理者都是员工的咨询对象。如果一个组织或企业的所有问题都依赖于领导者来解决，那么他们将无法充分发挥自身的潜力，从而无法实现其长远发展战略，从而给组织带来更大的损失。除了微观管理，"主人翁"也可能会削弱员工的参与度，因为他们无法根据自身的能力和需求来完成任务。只有当员工获得更多的挑战，并且每周都有一次反馈，他们的表现才能达到最佳状态。如果再往深处思考的话：为什么要等一周呢，每个小时的反馈也许会更好呢！即泰勒主义所引申出的微观管理。这种管理方式往往并不会起到良好的效果，因为它让员工失去了控制自己命运的能力，也限制了员工去做任何日常工作之外的事情。

据了解，花旗集团在 2014 年的一次调查显示，将近一半的员工愿意放弃 20%的加薪来换取更多的高产。既然员工有对高产的需求，作为管理者又该如何满足他们？以下例子能够对此做出更好的阐释。

2005 年，美国威斯康星州一家生产工业自动化设备的制造厂破产。尽管这家制造厂在工业自动化设备这个较小的市场当中拥有稳固的客户群，其盈利能力却不均衡。2005 年下半年，这家制造厂被贝瑞·威米勒集团收购。该制造厂虽然是贝瑞·威米勒投资组合的一个补充，但当时的管理不尽如人意。

当新的管理层接手之时，这家工厂已经关门大吉了。新任管理层接手后所作的首件重要之事就是召开全体员工大会，并在会上自我介绍以及宣布领导层的目标。并且，这家工厂的旧员工都可以继续工作，工厂的名字也不会变，而且该厂还会继续留在当地的这个小规模社区。贝瑞·威米勒集团想要做的是改变这家工厂的企业文化，从而实现可持续的盈利。新任管理层邀请员工描述一下这家工厂的优点和缺点。当员工挨个地说出自己想法的时候，管理层都会在旁边认真做笔记。后来轮到了一名在这家工厂工作了 27 年的机械师，叫作乔。乔当时已经超过 50 岁，对自己的工作了如指掌。他在为提高生产效率逐条提出建议时不由自主地放声大哭。一时间，整个房间都沉默了，而乔也慢慢平复了自己的心情。他接着讲道，他刚来这家工厂一年时就对自己的领班提出了关于提高生产效率的一些建议。那时，他就发现某产品的生产流程可以减少一些不必要的步骤。乔对他当时的领班问道："我们能不能这样改进呢？"可是领班冷漠地答道："我们给你发工资不是让你来这里异想天开的，你只不过是个小员工。赶紧回自己的生产线上去。"从那之后，乔再没提过一次建议。27 年之后，终于有人愿意听取乔对他无比熟悉的生产流程的建议了。

从上面的例子也可以知晓，一个企业要想实现可持续发展，不能过于古板，必须顺应时代发展，适时做出改变，做到下面几点非常重要。

一、包容性和多样化

高产是针对许多组织和企业当中的泰勒主义传统延续的一剂良方解药。如果员工对如何完成某个项目有合适的技术和经验，他们可以通过高产来以主人翁的姿态对待项目的执行和结果，从而全身心地投入到满足期望当中。不可避免的是，员工执行项目的方式可能会与主管想要的方式有着些许不同。只要项目能够完成，而且没有灾难性的事故，员工的这种行为就应当得到鼓励。

设立期望绝对是不可或缺的，因为只有这样才能保证目标的清晰。而在此基础上，如果员工能得到高产的信任，小创新自然就会出现。古驰集团前任首席执行官罗伯特·波雷特称之为"框架内的自由"。通过鼓励员工提出创新想法，并且鼓励他们向组织或其他团队成员学习，特别是来自不同部门的同事。通用电气公司前任首席执行官杰克·韦尔奇称之为"无边界组织"，其中创新不断涌现并广泛分享。

高产是一个进化过程，体现了变化和选择。设立的期望应当既有难度又可以实现，从而激发创新，高产则允许在实现目标过程当中有适当的变化。进化过程当中的"选择"则是通过庆祝胜利以及分享胜利过程的喝彩来实现的。项目的总结需要正式记录，并且分发至有关各方，这样他才能学习项目过程当中的创新之处。如果团队在达成目标过程当中延续了之前的做法，只要流程有效高效，那就没问题。有时足够好就够了。美国的航空安全报告系统降低了 95%的航空安全事故，每10 万英里的事故数从 1975 年的 53 次降低至 2008 年的 2.5 次。这就是因为降低了飞行方式的变化。每发生一起航空事故，该系统就能为行业标准的提升提供鲜活的依据。工作执行过程当中出现的问题也可以提供同样的学习机会。

二、风险管理措施要贯彻始终

1924—1932 年在霍桑工厂进行的管理实验是世上最为著名的管理实验之一。霍桑工厂是西方电器公司的一家设备制造厂，位于美国伊利诺伊州芝加哥附近的西塞罗。工业心理学家们对照明、班次时间和休息时间分别进行了小小的改变，对员工进行观察并测量生产率。他们发现，每一次改变，包括改变之后回到之前状态，都能提高生产率。大多数学者认为这一结果可以理解为观察者效应，人们往往称之为"霍桑效应"。也就是说，只要员工在工作时旁边有人观察，生产率就会上升。作为社会性生物，我们乐于成为值得重视的团队中的一员，因此我们工作也会更努力一点。在喝彩的过程中，总结的过程可以激发出一种霍桑效应：通过及时发现问题，我们可以有效地避免出错，并且通过不断地改进来实现进步。

对于员工犯下的错误，可以通过培训（既可以是正式培训，也可以是同事间的交流）和监督解决。风险管理措施必须贯穿始终。错误无可避免，但我们应该从中吸取教训，以便更好地应对未来的挑战。"喝彩"，以及"庆祝"，许多企业，如班杰瑞冰淇淋、达摩资本管理公司和维尔福软件，都会定期举办"喝彩"，以便从中学习经验，并从中汲取教训，以便更好地应对未来的挑战。不妨试着每个月举办一次"祝贺你搞砸了！"这样的喝彩。犯错过快，犯错过多，这都没关系。舔舐完伤口后还可以继续大胆创新。职业社交网站领英通过讨论之前犯下的错误来考虑下一步的冒险。领英认为，聪明的冒险 M 的收益概率是亏损概率的 3 倍，也就是非常有可能获得收益，且符合对其他风险项目的投资组合。聪明地冒险就是明智的选择。

期望一旦设立，主管就可以每周从该员工那里获得正式的反馈。而每天的碰头会不仅可以作为补充，还可以带来高产。就像运动员在赛前集合听取教练指示一样，充分利用高产的组织或企业当中，主管所扮演的角色更像是教练，或者是顾问，而不是包办一切的独裁者。运动员在场上认为有地方需要改变的时候怎么办？当时是及时和教练沟通了。改变有时可能奏效，而有时也可能失败。最好的学习是通过犯（小）错，因为这样的经历在大脑中的印记比简单的说教更为深刻。没有犯错，何谈创新？对待员工，既要提供充分的培训，又要给予足够的信任。

三、让信息上下流通

企业破产的背后有很多原因，但其中两个尤为突出。首先，企业的管理体系违背了人的天性：员工希望在企业中享有自己的发言权。其次就是企业经济体系的设计。信息的流通只是单向的，从企业高管和他们制订的生产计划到他们以为热情高涨的工人。当人们对企业的热情冷却之后，企业管理者们采取了强硬严苛的措施，强迫员工服从。与之类似，那些强迫员工服从的管理者也陷入了同样的陷阱：他们违背了人类渴望自主权的天性，也限制了高产所能带来的自下而上的信息流动。

威斯康星州被贝瑞·威米勒集团收购的那家工厂，在被收购之前，生产的内容和方式完全由穿着白衬衫的管理人员决定。而穿着蓝色衬衫的员工则被当成是如果监管稍微放松就会偷懒的懒汉。"白衬衫"总以为，只要有机会，"蓝衬衫"就会顺手牵羊。在被贝瑞·威米勒集团收购之前，这家工厂的备品备件室的入口被一道上锁的金属门拦住。如果需要备品备件，员工必须找一位经理来给他们开门，并且自进门到取完备件出门都得有人陪着。这可是一家制造厂，也就是说几乎每天都要用到备品备件。上锁的金属门不仅降低了生产率，更向员工传达了一种不被信任的感觉。

贝瑞·威米勒集团在收购这家工厂之后首先就拆掉了这个带锁的门。新任管理层明确传达了一种信息，那就是工厂所有人都应当同舟共济：想要让工厂存活下来，所有人都应当齐心协力，发挥主人翁意识来提高生产效率。无论是谁，只要需要备品备件就可以随时去取。无论是谁提出提高生产率的想法，都值得一试。

高产可以赋予员工做出选择的权利，而这正是创新所不可或缺的。但同时，高产也意味着员工难免会犯一些错误。这也是其复杂之处。如果大家不尝试改变，改进又从何谈起呢？但是往往领导者很难具备将犯错当作是学习过程一部分的眼光。这就要引起管理者的重视：想让自己的企业从不犯错，也就意味着拒绝创新的文化。工作一线的员工往往能看到高高在上的管理者所看不到的东西。彼得·德鲁克就曾写道："改进是从来自一线的反馈开始的。"

能否实现创新不仅在于任务的困难程度，也在于领导者如何对待员工做出的改变。尽管我们总是说犯错也是一个学习过程，但是在大多数组织或企业当中，犯了错就要受惩罚，只不过有时是显性的，而有时是隐性的。能合理对待犯错的企业文化，会影响人的大脑对新信息的处理，并让新信息成为创新的契机。大脑意识到犯错之后，首先会激发警报系统，脑干深处释放少量的多巴胺。这种化学信号会提醒我们需要注意。多巴胺又会激发额叶脑区中的前扣带皮层，让我们意识到"我看世界的角度出了问题"。当我们的大脑发现想要的事情并没有发生的时候，就会意识到犯了错误。当下一次我们进行同样的任务时，就会完成得更慢一些，因为我们的大脑需要修正从"A"到"B"的认识。

这就是企业文化发挥作用的地方。我们的多巴胺回路强迫我们从犯错中学习。如果老板在我们犯错后大吼大叫，我们大脑当中对犯错的认知系统就会将犯错等同于惩罚。长此以往，结果便不难预料：员工们会掩盖自己的错误来逃避惩罚。而当你发现犯错或是对新花样的尝试失败时，如果老板对你表示赞许，你大脑里面的学习回路就会在犯错和社会认同之间建立一个积极的联系。建立一种欢迎并赞许在犯错中学习的文化，会直接影响员工大脑中的激励机制，让他们将打破陈规做出改变当作一种享受并且强化记忆。

许多关于对员工不同程度监督的实验都证实微观管理会抑制创新。一项研究当中，赌场员工得到了"严格"或"松懈"的监管，结果显示，不断地监控会抑制员工的学习过程和创新能力。事实上，在严格的监控下，员工没有做出任何创新的举动。

杰夫·贝佐斯（Jeff Bezos，亚马逊网络购物中心缔造者）就鼓励自己的员工通过犯错来学习，在许多改进措施失败的时候也坦然接受。他曾经说过："如果你想做出大胆的选择，就要把它们当作是试验。既然是试验，你就不能预料它们是否会奏效。试验难免会失败，但是只要有少数的特别成功，就可以抵消许许多多的失败……亚马逊公司一次次的失败最终带来了数十亿美元的收入。"

"试一试"的观念对于高产来说至关重要。一线的员工对于他们所做的工作掌握最丰富的信息，而高产就能使他们能够利用这些信息进行创新。确实，几乎所有的创新都来自一线。哈佛大学商学院通过分析皮克斯动画工作室（Pixar）等能够持续不断创新的公司发现，所有的这些公司都具有高产的文化。当员工们能够向既有现状发起挑战的时候，就会有更多的试验和学习。而那些强迫员工去创新的公司则往往达不到想要的结果。创新从根本上来说就是和专制和权力主义格格不入的，只会随着高产出现。

四、第一负责人至关重要

在我的实验室当中，高产是通过称呼的运用来实现的。每个项目都有个"第一负责人"，或者称之为领导者。丰田生产系统当中也用到了这种管理方式，其中的第一责任人是总工程师，或"主查"每一个新项目的第一负责人都会得到公开任命，而且团队也围绕该负责人建立。第一负责人掌握该项目的所有权，可以便宜行事。上级主管会给第一责任人设立清晰的目标，并通过周会和每日碰头会提供反馈并视情况提供人手和资源。除鼓励创新外，犯下的小错也会得到赞赏。项目完成后，我们会组织喝彩来庆祝胜利。在喝彩的过程当中，我们还会进行项目总结，来探讨哪些工作比较顺利，哪些环节出了问题，以及该团队的经验有什么值得借鉴之处。

正如第二章当中所探讨的，项目总结需要在项目结束后不久进行，这样才能让大脑将项目当中的经验与达成的目标相结合。作为团队一员的挑战压力会刺激催产素的释放，提升有效的团队合作。

这种做法被许多高风险组织或企业采用。我曾随美国陆军参加了在加利福尼亚州南部山区进行的例行训练，被士兵们在高产和错误最小化之间取得的平衡所深深折服。每次袭击演练之后都会立即组织一次总结。所有士兵，无论军衔，和参观访问的学者都需要讲讲自己发现的问题。指挥官会要求人们列举三个好做法和三个待改进之处。总结当中的讨论是对事不对人的，关键在于如何提高在变幻的环境当中的执行力。参加过战争的老兵也会结合自己以往的战斗经验来为总结锦上添花。

五、新想法的产生和检验

通过神经科学，我们可以知道为什么在挑战当中更容易出现创新。我们的大脑可以说是一个非常"吝啬"的器官。它仅占我们体重的约 3%，运行起来却要消耗全身 20%的新陈代谢能量。为了更好地利用有限的能量，大脑会尝试将高重复性的工作自动完成。这也是为什么我们可以一边开车，一边和别人谈话、听收音机和接听电话。这种状态下的驾驶可以看作是自动完成的，直到前方车辆踩下刹车，而我们需要集中所有的注意力来避免碰撞。高产就像是把车的方向盘交到了员工手中，当领导者设立有挑战性的期望时，员工会自己瞄准目的地，并计算到达目的地所需要的速度。而当项目来到关键期的时候，就好像前方车辆的刹车灯亮起一般，员工可以更有效地调动自己的认知资源，而不是漫不经心地服从命令。

诚然，相较于按部就班的工作，高产需要员工付出更多的努力。但是高产可以更好地调动员工的认知资源，这种现象被称为心血辩护。埃里奥特·阿伦森和贾德森·米尔斯在 1959 年的一项实验中发现，那些曾经经历过尴尬局面的受试者，比起没有经历过这种情况的人，更容易与其他讨论组成员建立联系。后续的实验当中，随机编组的受试者会接受不同程度的电击（现在肯定没有人敢采取这样的实验了）。相较于接受轻微电击的受试者，那些接受电击强度最大的受试者对自己小组的认同感更高。高期望下的辛苦团队工作就像电击一样，可以帮助员工更好地投入到工作当中。作为管理者，只需要设立困难但却可以实现的期望，剩下的事交给下面团队去完成就可以了。

列奥纳多·达·芬奇（Leonardo da Vinci）称得上是史上最伟大的实验者之一。他通过不断尝试新事物并对结果进行评估，在许多领域都颇有创新。高产可以让组织或企业当中的每一员都成为达·芬奇。为了将创新系统化，达·芬奇总结了探索的七大原则，其中一条他称之为"论证"（dimostrazione），即是通过经验检验知识，并在犯错中学习。既然这一条对达·芬奇有用，想必其有效性就无需赘述了。通过提供高质量的产品，我们可以鼓励员工持续地检查和改进流程，同时降低风险。如果新的方法无法带来任何改善，那么我们可以将其恢复到原来的水平。

六、年轻人的创造力

一般而言，年轻员工的创造力更多地来自他们的经验不足。想必每个人年轻的时候都做过一些蠢事，但其中一些蠢事有可能带来了成功。年长的员工经验更为老道，这就意味着他们很少偏离按部就班的正轨去做出改变，不管改变是好是坏。我们应当鼓励那些年轻的员工试验自己的想法，看看能取得什么样的效果，因为某一领域的"专家"并不能总是想出最具创新性的想法。这里可以举一个再恰当不过的例子。2004 年，美国国会通过决议，到 2015 年之前美军三分之一的地面车辆要实现自动驾驶。刚开始的时候，汽车制造商巨头们就得到了生产自动驾驶车辆的资助。可是 5 年过去了，美国政府也提供了大量的资金，但是一直没取得像样的进展。于是美国政府决定改变策略。美国国防部先进研究项目局面向全社会公开悬赏，只要自动驾驶汽车在 10 小时内完成莫哈维沙漠的一段路线就可以赢得 100 万美元的大奖。两年后，一个由斯坦福大学工程专业学生组成的团队赢得了这项挑战。他们仅比卡内基·梅隆大学团队少用了 11 分钟。还有另一个类似的例子。2012 年，加拿大多伦多大学的两名研究生成功实现了人力直升机的第一次持续飞行。反观功成名就的工程师都认为人力直升机是不可能实现持续飞行的。这两位年轻人打破了他们并不知道存在的规则，实现了令人叹为观止的重大突破。

通过单环学习，可以实现渐进式改进。这种方式对工作流程或是产品的改进是通过改善现有技术。根本性改进则要通过双环学习，对产生结果的机制的基本假设不仅面临着不断的质疑，有时还要被全盘抛弃。双环学习甚至还会质疑为什么需要创新，关注的往往是"我们为什么要做这个"而不是"我们如何对这个进行改进"。年轻人往往更不拘泥于传统，所以更可能善于双环学习，因此带来巨大的创新。

高产可以为双环学习提供所需要的土壤。在高度信任的企业文化当中，核心的业务流程也可以接受质疑，即使该业务流程之前表现尚可，或者是由创立者所设立。为实现高产，我们可以通过客观的数据来决定是否需要改进，并将得到的结果应用到整个组织或企业。正确的就要得到承认。员工可以对现有的运行模式进行改进，甚至可以抛开现有运行模式来大幅度提升表现。高产的程度越高，后者出现的概率就会越大。

七、包容与赋权

曾有一项经典研究对比了美国海军的"一般"与"优异"部队。研究发现，两种部队的献身精神、工作过程和指挥结构都没有任何不同。但是"一般"部队的指挥官表现得像是独裁者。独裁式管理的本质是"照我说的去做"。反观"优异"部队的作战指挥则更鼓励创新精神，指挥官会倾听并采纳他人的建议。

学校里也有类似的现象。有 40%～50% 的教师会在 5 年内离开这个行业。一名教师在接受关于为什么离职的采访中讲道："在学校里面，教师的自主权很少，发言权也很低。教师应当做什么需要别人来指手画脚，这种工作方式剥夺了教师的选择与行动权。"难怪这么多教师对工作的敬业度不高。这简直是泰勒主义的死灰复燃。

曾两次荣获美国波多里奇国家质量奖的丽思卡尔顿豪华酒店在管理方式上也大力推行高产，将自主权下放给酒店的"女士"和"先生"（这样的称谓本身就是很美好的期望）。每位员工都会拿出 2000 美元的预算，以便为客户提供最优质的服务，无论是在前台还是侍者，并且主管人员不会对这类花费提出疑问。丽思卡尔顿酒店以其诚实守信的团队精神，提供出独一无二的服务，让每一位宾客都能享受到完美的出行体验。

微观管理不仅会蚕食信任，还会侵害健康。上级的指示会让员工失去自己的"控制点"，也就是对自己生活的控制感。当控制点高的时候，员工的内在激励高涨，对工作的满意度也会上升。保持对自己工作生活的控制对于良好的身体和心理健康至关重要。高产可以吸引从清洁工到客服代表的每个人的全身心参与。更好的管理方式就摆在我们眼前，为什么积极采用。

八、从细节入手，改善氛围

在高产程度高的组织或企业当中，员工更加享受工作的过程，因为他们可以自己控制如何完成工作。我曾为一家大型药品福利管理企业当顾问。那时正值这家企业的高速发展时期，由此出现的一个问题就是如何保证客户服务中心有足够的训练有素的经纪人。在一次参观当中，我和一位接听电话长达 20 年的客服中心员工进行了交谈。我问道："为什么你没有被提拔呢？"她告诉我她每天都过得非常开心，因为她可以帮助客户得到需要的药物。这家企业的客服中心有着很高的高产，每名经纪人都有很高的自由裁量权来帮助自己的客户。"我并不想换另外的工作。"她如是对我说。在一个高产的企业当中体会帮助别人的快感让她一直满意自己的工作。

美捷步也是一家高产的公司。有些电话接线员可以花费数个小时来帮助陷入困境的顾客，这种做法还会得到赞赏。美捷步的业务员还可以给遇到喜事或是难事的顾客送去鲜花和巧克力等礼物，而且不用得到上级主管的批准。正是因为顾客信赖的美捷步销售代表可以和顾客在电话中一直交谈到客户满意，所以美捷步的客户服务才被称赞为无与伦比。不久前，美捷步的某名员工接听同一个电话的时间超过了 10 个小时。如果没有高产，如此高质量的服务肯定不会出现。

如何才能实现从命令与控制式的管理到高产的改变呢？可以先从细节开始。比如先在某一个部门推行高产。我曾为一家保险公司工作过，这家公司不同部门之间的"Ofactor"调查得分非常不均衡。其中信任度最低的是保险索赔部门。该部门的每年员工流失率高达 100%，信任感极度缺失，高产在排名中处于最差的 30%。我给出的建议是，抛弃之前为保险代理人与客户沟通设立的脚本，不要再缚住保险代理人的手脚。如果保险代理人在做决定时有更多的自由裁量权，那么高产自然就会增加。

"这事儿我得请示下我的主管。"这样的话不仅会让保险代理人痛苦，更会让客户厌烦。高产可以为员工提供足够的信任，让他们在和客户打交道时可以采取自己认为合适的方式。如此还可以增强员工对公司的归属感。

一家办公设备的大型供应商曾进行过一场关于高产的试验，结果显示高产可以有效提高员工对企业的敬业度与归属感。这家公司授权客户服务工程师可以自行组织工作分配，可以自己决定对客户的设备是进行修理还是更换，还可以用自己认为合适的流程来完成作业。客户服务工程师以小团队工作，而且每个小团队可以自行选择团队成员。这种方法采用后，员工对公司的归属感较之前命令与控制式的管理提升了30%。

九、吸收一线员工的智慧，激发创新

高产可以通过吸收一线员工的智慧来激发创新。印度跨国软件服务企业HCL科技公司就意识到，公司的每个角落都可能冒出新鲜的想法，因此该公司在自己的内网上建立了一个专门的门户网站，并命名为"iGen"。在该门户网站上，员工可以提交关于任何问题的想法，既可以是商业发展规划，也可以是新产品的开发，还可以是如何精简现有流程。

甚至是如何为团队成员提供新的学习机会。HCL科技公司将员工提交的许多想法进行了试验，然后采纳并落实了其中的约25%。眼见这个网上意见箱如此成功，HCL又开始组织创新比赛，各团队可以就解决某个问题做出自己的方案，最终的胜者会被贯彻执行。员工提的建议越来越多，HCL便决定将最佳建议的遴选众包了出去，如此更加促进了高产。《福布斯》杂志将HCL列为亚洲100强公司之一，正是因为其高产驱动的创新能力。

激发创新的另一种方式就是通过设计各种各样的竞赛。在高产的企业文化当中，许多人都能因发现的乐趣以及随之而来的作为创新者得到的认可而受到鼓舞。最好的竞赛方式应当囊括不同团队的员工，所以不妨鼓励全公司的人参加。汲取众人的力量来改善业务流程，然后为优胜者举行公开的喝彩。各行各业皆有创新者。网飞公司曾举办如何改善针对用户的个性化推荐算法的比赛，拔得头筹的是一名叫作加文·波特的退休管理顾问。他曾获得心理学的学位，而他的胜出也仰仗了自己十几岁的女儿提供的算法。

想要为竞赛设立高期望的话，不妨采取黑客马拉松或是创新脑力大激荡这样用时较短的形式，以集中注意力，更快地产生新想法。思科公司设立的"I-Prize"创新竞赛，旨在激发思科公司的创造力，以期在 10 亿美元级别的新兴市场中取得突破性进展。该竞赛之前一直在思科公司内部组织，后来开始对外部开放。一个由德国人和俄罗斯人组成的团队就凭借自己开发的智能能源网软件赢下了 25 万美元的大奖，该软件利用了思科公司在信息处理方面的优势。要在评估解决方案的过程当中做到高产，不妨用员工投票代替专家组评估，正如 HCL 公司所做的那样。通过好点子和大脑洞等众包平台可以更好地完成这一工作。

十、全员高产

不同的工作类型都可以实现高产。2003 年，凯丽·莱斯勒和朱迪·汤普森为电子产品零售巨头百思买集团设计了全新的管理方针。她们将自己的计划称为"只问结果的工作环境"，英文叫作：results only work environment。"只问结果的工作环境"计划的一个主要组成部分就是全公司的高产政策。主管人员为员工设立明确的期望，员工则可以自己选择如何、何时、何地完成自己的工作。固定的上班时间和限定的病假天数都被取消了。通过明确期望和目标衡量方式，团队成员可以把精力放到如何实现目标上，而不再是"出勤主义"。百思买集团的员工获得了项目的主人翁意识，而实现目标的员工还会得到喝彩的认可。"只问结果的工作环境"

将员工看作成可以自行决定如何以最佳的方式实现自己目标的人才。"只问结果的工作环境"还鼓励经验的广泛分享，以对创新进行复制。在该计划实施后，主动离职率下降了 90%，生产率提高了 41%。可到了 2012 年，当胡伯特·乔利接任首席执行官之后，百思买集团的高产程度开始下降，利润空间也大幅缩水。乔利曾表示高产的企业文化不符合他"指令应当自上而下"的领导风格。只有时间才能证明乔利做出的改变是否能带领百思买集团走出阴霾，但他无意间向员工传达了清晰的信号：他并不信任员工对工作生活的自我管理。

显而易见，只有获得领导者的认可和支持，才能取得成功。曾有家汽车货运公司进行过一次关于高产的随机对照试验，其中一半的经营管理者允许员工自己选择维修商、夜间送货距离以及如何处理客户投诉。另一半经营管理者则像之前一样做出相关决定然后让员工执行。四个月后，那组得到信任的员工对公司的归属感增强了，对工作的满意度上升了，事故概率也降低了。这也说明：主管可以赋予员工更多的自主权，同时必须提供足够的支持。在高产的这一组受试员工当中，主管鼓励并允许犯错的员工的敬业度和表现都得到了提升，而其他员工并没有起到高产的效果。

贝瑞·威米勒集团对高产给予了强大的领导支持，如此创造了巨大的价值。正是因为有许多像乔这样的员工，他们对产品和生产流程了若指掌，不断推进着第一线的创新进步。当威斯康星州的那家设备制造厂被贝瑞·威米勒集团重组后，这家工厂的产品能及时交货，生产质量大幅提升，加班时间大大减少，而且还雇用了一批新员工。至于该工厂的盈利水平，自然是稳中见长。

全食超市和贝瑞·威米勒集团一样，从高管到各分店都非常欢迎高产。超市里几乎每个部门都是一个资质单位，可以自行决定销售的商品、人员的雇用、产品的摆放。每个部门都有自己的盈利和亏损报表，并且自负盈亏。团队组织扁平化，以便相互学习经验汲取教训。奖金按团队发放，照顾到团队当中的每个人。沃尔特·罗布曾经指出：当领导者将自己的权力转移到他人手中时，他们就会失去控制力，从而影响到整个组织的运营，就能为他人创造发展的空间。

第二节　建立共同愿景，组织内部协调一致

建立企业共同愿景可以增强团队凝聚力，避免因为分歧而导致的内部冲突。当团队成员一起面对挑战时，他们会形成一致的目标，而 83% 的企业信任都是由这种共同愿景所决定的。员工们不太可能对意外的喝彩感兴趣，除非他们真的遇到了。即便如此，仍有三分之二的员工每年都会对自己的员工考核感到某些意外。作为比较，那些积极性高的员工多久能得到主管的反馈呢？每个星期。这些每周都能得到反馈的员工就很少会感到意外。

从人的大脑当中，数周前发生的事情几乎无关紧要，所以等上一年再给自己员工的表现提出反馈几乎没有作用。定期对员工的表现进行评估，可以在员工的大脑中形成一种神经机制，使他们能够根据自身的需求和能力来调整自身的行为，这种机制被称为"期望"。

期望的作用远不仅于此。为员工设立困难但可以实现的期望，可以激发员工大脑内的奖励机制，从而让实现工作目标具有吸引力并带来愉悦感。本章当中就会讲述如何通过为员工们设计挑战来建立期望。

例如，在《与摩根·弗里曼一起穿越虫洞》的电视节目上，制片方设计了一项有趣的实验来说明人们为什么会信任陌生人——甚至是将身家性命托付出去，此时有人提出最佳的实验非双人跳伞莫属。最有趣的是，测试对象便是制片方的一名管理人员。

该管理人员与大多数人一样，有一点点恐高。跳伞之前的几个星期里，该管理人员不仅时不时地感到恐慌，晚上还会被噩梦惊出一身汗。等到了

跳伞的当天，在摄像机的注视下，该管理人员只好硬着头皮上了。在加州皮瑞斯市的跳伞场，飞机在跑道上起飞的一个小时前，该管理人员抽取了自己的血液样本，以获取体内催产素和应激激素的基准水平。按照他的计划，当安全降落到地面的时候立即在自己胳膊上再抽一次血。他想了解大脑在自由落体时会有什么反应。

在 10 分钟的简短介绍之后，该管理人员和一位名叫安迪的跳伞教练员绑在了一起。乘坐的是一架 20 世纪 60 年代的螺旋桨飞机，机身里面经过了挖空改造。当飞机盘旋上升的时候，我一直在关注自己手腕上的高度计。到了 12500 英尺（即约 3810 米）高度后，绿灯亮起，跳伞指导打开了机舱的滑动门。迎着灌进来的强风，该管理人员和绑在一起的跳伞教练员一步一步挪到"深渊之门"。在该管理人员踏出舱门前，随该管理人员一起上飞机的一位研究生对其进行了一项认知测验，其中一半的题目都没有通过。因为当时的注意力全部放在如何才能安全地自由落体。随着"1，2，3 跳！"的指令纵身一跃，在 50 秒的时间里下落了 7500 英尺（约 2286 米）。在 5000 英尺（即约 1524 米）的高度上，降落伞打开，两个人就像被拴在尼龙摇篮下的两个婴儿一样向下飘落。

此时他的大脑在干什么？在意料之中，他的应激激素上升了足足 400%。应对极限挑战的睾酮水平也上升了 40%。意外的是，他体内的催产素水平也上升了 17%。事后，该管理人员承认自己对跳伞教练有了一种强烈的依恋，其克服了艰巨的挑战，也改变了他对自己能力的认知。

自那之后，该管理人员又参加了好几次高空跳伞。到了现在，他简直迫不及待想体验踏出飞机那一刻的感觉。每次跳伞的时候，他仍然全神贯注在安全措施和跳伞技巧上。同时，跳伞带给他的享受也大幅提高了。最近，该管理人员又在一家日本电视台的节目上重复了这个小实验，在人生当中第四次高空跳伞之前和之后抽取自己的血液样本。这一次，他体内的应激激素只上升了 50%，而催产素则足足上升了 200% 还多。这样的挑战是可以完成的，而且可以带来很大的享受。这就是"期望"的力量。

用科学的话来总结：压力并不是坏事，就是这么简单。

不过，那种一直压在我们肩头，似乎永远不会消除的慢性压力确实是坏事。慢性压力会导致心血管疾病、抑郁以及糖尿病，还会抑制催产素的释放。而挑战带来的压力则是一件好事。实际上，挑战往往是有趣的。尤其是只要付出足够努力就可以明确达成的挑战。拿高空跳伞来说，我知道它会在 10 分钟之内结束。不管跳伞有多么可怕，至少它有一个明确的终点（不管是平安落地，还是英勇就义！）。

挑战带来的压力会让我们的大脑无视周边干扰。当手头有一份紧急的报告需要完成的时候，我们不会浪费时间回复无关紧要的邮件或是在网上浏览花边新闻。我们的注意力完全集中在分析和写作上。这种全身心的投入有时甚至会让我们忘却时间，我的同行米哈里·契克森米哈赖将此称为"心流"。契克森米哈赖发现，心流是一种内在的激励，而且只有当我们有着明确目标的时候才会发生。

在挑战带来的压力下，大脑会指示身体产生加快反应速度的肾上腺素和促肾上腺皮质激素（ACTH），让我们高度专注并感觉不到时间的流逝。与长期慢性压力引起的影响神经系统的化学物质不同，挑战带来的压力所引起的生理作用能在挑战达成之后很快退却。"当我第一次跳伞落地后抽取自己血液样本的时候，我的双手已经一点都不抖了。在我飘落到地面之前，跳伞挑战带来的眩晕已经从我的神经系统里消失不见了。"这位管理人员如此说。

期望达成之后的喝彩也十分重要。当团队的目标实现之后，可以好好地庆祝一下，并让成员们讲述他们是如何做到的，这正好也可以作为喝彩当中的一部分总结。对管理者来说，为了激励员工，公司应该制订一些目标，让他们取得一些小的成功，并为之欢呼。这样，员工的大脑就会产生对下一次胜利的期待。当目标达成并庆祝过后，是时候让团队稍作休整了。大脑在高度集中过后需要一段时间的不应期。正如我在第二章中所建议的那样，可以带你的团队去游乐园放松一下，或是一起踏上冒险的旅程，来享受作为成功团队中的一员的快乐。一定要让员工们乐在其中，让团队在下一个项目开始之前享受几天工作轻松的惬意。还要让员工得以弥补睡眠、享受家庭时光和休闲娱乐。实现期望的这一过程可以总结为：挑战和恢复。

一、重新设定目标，使其更具挑战性，实现更大成就

2007 年之前的数十年间，美国华盛顿特区的教师都能定期得到优秀的考核成绩，尽管他们教出来的许多学生不能读也不会写。2007 年，仅有 8%的八年级学生通过了年级水平的数学能力考试。华盛顿特区的学校成绩如此差劲，可是他们在每个学生身上投入的资金却在全美排名第三。华盛顿市的市长阿德利安·芬迪迫切地想做出改变，于是便设立了一个新职位：教育局局长。教育局局长行使之前教育委员会的职责。芬迪在 2007 年任命教育改革家米歇尔·拉伊为第一任教育局局长。拉伊推出了一套叫作"IMPACT"的教师表现和评价工具。

"IMPACT"首先为教师提供了"清晰的表现期望"，给教师们设置了具体的目标以及评价这些目标是否达成的方法。华盛顿特区的教师们终于可以收到对自己表现的可行反馈。这就意味着，学校校长可以为那些没有达到表现目标的教师提供包括指导教练在内的帮助。教师工会通过了一份新的劳务合同。根据新合同，教师的工资上涨 20%，绩效奖金也由 20000 美元提升至 30000 美元，但同时工作的保障度下降了。总共有 241 名未能达到表现目标的教师被解雇。仅用了 3 年的时间，哥伦比亚区的综合测评成绩中，学生的阅读成绩提高了 14%，而数学成绩则提升了 17%。除了为教师制定明确的目标之外，拉伊还采取了更多的改革措施，包括关停表现差的学校，增加早期儿童教育，扩大天才儿童班级，以及开设额外的音乐和美术课。虽然有人怀疑学生的标准测验成绩有造假嫌疑，但无疑的是，

为员工设立可实现的具体期望对达成表现目标非常重要。

话又说回来，虽然华盛顿特区的学生成绩可能有运气成分，但我们还可以再看看田纳西州的例子。田纳西州的学生成绩处在全美下游，该州的教师测评有的甚至可以相隔 10 年之久。正当拉伊在华盛顿特区进行教育改革的时候，田纳西州的教育委员会委员凯文·霍夫曼（也就是拉伊的前夫）也在该州进行一场类似的改革。田纳西州的教师考核不再仅仅与学生的考试成绩挂钩，还要向模范教师的高期望看齐。如果不知道如何衡量优秀，又怎么能做到优秀呢？

同样也是在为教师设立期望的 3 年后，田纳西州在 2013 年度的美国国家教育进展评估中是全美各州当中进步最快的。田纳西州四年级学生的数学成绩在全国的排名由第 46 名上升至第 37 名，阅读成绩则由第 41 名提高到第 31 名。如果要发挥期望的作用，就要将期望设置得具体、可测、可验证，且公开透明。

压力对催产素和信任的影响是非线性的。当肾上腺素和促肾上腺皮质激素适当上升的时候，它们可以刺激大脑产生催产素。催产素可以激励我们寻求他人的帮助来达成期望。但正如大多数生物学现象一样，催产素的生理激发也有着一个倒"U"型曲线。没有挑战，也就没有生产催产素以及向他人寻求帮助的原因。另外，如果挑战带来的压力过大，催产素的合成——以及与他人合作的意愿——也会消失。过于紧迫的压力会让我们切换到生存模式，像实验当中的老鼠一样，蜷缩成一团一动不动，逃避自己的意识。

二、合理的团队规模

为了达到预期目标，团队的规模应当尽可能缩小，以便实现最佳效果。社会生态学当中的帕金森定律就表明："只要还有时间，工作就会不断被拖延，直到用完所有的时间。"古往今来，这一定律放诸四海而皆准。由帕金森定律得出的林格曼效应：当拔河的人数逐渐增加时，每个人所用的力量反而越来越少，并没达到力量累加的效果。为防止林格曼效应，我们就要做到将每个团队成员看作是活生生的个人，并为每位成员制定清晰的期望。根据任务类型和目标的不同，当团队成员数量超过 6～12 名的时候，每个成员的表现趋于稳定。许多企业的发展壮大都离不开将团队规模控制在较低水平。化学品和纺织品制造商戈尔公司的每个制造厂的员工不会超过 200 人，每个工作小组的人数都在个位数。谷歌公司各个团队的平均人数也是 9 个。总部在瑞典斯德哥尔摩的流媒体服务平台声破天，最基本的组织单位被称为一个"班"，由 5～7 名成员组成，扮演的角色类似自主创业的小团队。每个班都有自己明确的任务和工作重心。

美国的企业租车公司在拥有足够多的可租赁车辆的情况下，会考虑在每个城市建立新的分店，以满足客户的需求。为了确保员工的数量，这些分店通常都不会超过 8 名员工。每个分店的员工都彼此熟悉，当然也乐于为同事们实现各自的期望伸出援手。企业租车的分店经理拥有完全的自主性，他们能够依据需求，调整车辆的配置、拓展新的服务范围，并且能够进行二手汽车的出售，从而实现长期的收益。美国《商业周刊》也把这种做法评价为最佳的雇佣者，这也正是它的优势所在。目前，企业租车是美国规模最大的汽车租赁公司，共有 6.8 万名员工，年收入超过 180 亿美元。

三、制订达成目标的明确计划

只有每个成员都能为工作建言献策，团队才能取得最优异的表现。可以采用"大家说说该怎么办"这种方式来鼓励年轻员工说出自己的主见。情况允许的话，最好保证团队当中男女各占一半。许多心理学和管理学的研究都表明，混合性别以及包含不同个性的团队有着更好的决策以及创造性解决问题的能力。其中不同个性既包括内向型和外向型，也包括深思远虑和心直口快。当多元文化的成员汇聚在一起时，团队的整体智力水平会远远超过其他成员的平均水平。

在团队成立的时候，第一个小时要用在互相熟悉上。首先是姓名和职位名称。就我个人而言，我喜欢听其他人介绍自己与众不同的方面，哪怕是有些怪癖的特点。这样能更容易地记住这个人的名字。举个例子，在多年前的某次研究生班上，有个叫杰克逊的学生告诉我他脚趾头很大。其次我就问他能不能展示一下他的大号脚趾头，当他真的脱下鞋的时候，整个房间的人哄堂大笑。时至今日我仍然记得他，在团队成员之间分享一些私人的甚至是有些难为情的事情可以建立彼此间的友情和同理心。

接下来要做的就是为项目拟定一份行动计划。行动计划应该包含短期和长期的目标，并且要清楚地指出每个人在何时应该采取哪些行动。这就可以作为一份期望的备忘录。有这个备忘录在手，团队的领导和每个成员都可以看到自己的进度。行动计划还可以让每个人从整个项目周期辨别哪些阶段会是紧要的关头，从而在需要的情况下寻求他人的帮助。飞行员和核电站的技术人员，以及越来越多的内外科医生都在使用备忘录这种做法。因为备忘录是一种确保质量和衡量进度的有效方式。

四、适当增加挑战的难度

对于那些工作内容按项目划分的组织或企业，项目的周期就可以决定挑战何时结束。挑战的结束既可以是工程完工的那一天，也可以是某一部分工作量达成的时候，但务必保证所有人都知道这些时间节点。不妨把这个日子贴在或写在挂纸白板上。让所有人都专注在如何达成目标上。而对于那些工作内容大致上是持续性的组织或企业来说，应该按照行动来设立期望，而不是根据结果。"本周内每天联系五个潜在的客户"或者是"每天给一位老客户打电话问好"。这些都是需要行动的可以实现的目标。当然了，在设立期望的时候也要有一些创造性，加上一些变化，避免一成不变索然无味。如果设定的目标太容易实现，可以适当地提高一下难度，可以在一两个星期的时间里把难度升上去。

对于那些工作内容按项目划分的组织或企业，项目的周期就可以决定挑战何时结束。挑战的结束既可以是工程完工的那一天，也可以是某一部分工作量达成的时候，但务必保证所有人都知道这些时间节点。不妨把这个日子贴在或写在挂纸白板上。让所有人都专注在如何达成目标上。而对于那些工作内容大致上是持续性的组织或企业来说，应该按照行动来设立期望，而不是根据结果。"本周内每天联系五个潜在的客户"或者是"每天给一位老客户打电话问好"。这些都是需要行动的可以实现的目标。当然了，在设立期望的时候也要有一些创造性，加上一些变化，避免一成不变索然无味。如果设定的目标太容易实现，可以适当地提高一下难度，可以在一两个星期的时间里把难度升上去。

当我们将期望转化为一个团队的挑战时，就能够激发出更多的活力和创造力。这是一种建立团队成员之间信任的有效途径。可以用部队来做个例子：军人们一起面对的残酷训练和行动可以在"兄弟连"间建立强大的纽带联系。工作当中的挑战也有着类似的效果。挑战既不可太容易，也不能不切合实际。设立期望的目标在于设计出难度刚刚好的挑战。

五、克服挑战是一种享受

哈佛大学商学院的特雷莎·阿玛贝尔在分析了不同行业员工的 1.2 万份日志之后发现，取得目标进展是工作当中最为重要的动力。有多达 76% 的员工认为自己工作当中最好的时光是实现期望的时候。她还发现，有 43% 的员工认为团队成员互相帮助的时候是美好的时刻。意外的发现是，当取得工作上的进展时，员工们的心情也会改善。这也是关于期望的神经科学实验向我们所展示的：克服挑战是一种享受。此外，由于心情可以传染，所以当某位同事或某个团队达成期望时，也会给其他人和其他团队带来积极的影响。期望的达成可以带来工作的乐趣。

设立了具体的期望之后，上级主管的每周反馈也非常有必要。将长远的期望拆分成每周的任务，如此领导者可以衡量何时需要寻求另外的资源、人力或是培训来实现目标。每周例会应当从指导工作的角度出发。我喜欢问："我能做些什么来帮你实现目标？"而得到的回答往往会让我吃惊。有的人会说"我很好"，也有的人会说"这个项目我做不了"，还有人会说"我团队的工作不够有效"。既然发现了问题，就要立即采取行动，突破瓶颈制约，继续上升势头。

每天碰个头也很有必要。"你的项目怎么样？"和"我能帮上什么忙吗？"这样的问题才是关键。在许多企业和公司，包括康泰纳公司、生产天然清洁产品的麦萨德公司、第一资本金融公司和丽思卡尔顿酒店（Ritz-Carlton）等，日常检查就是一个简短的碰头会。如此不仅节约了大家的时间，还能集中解决最重要的问题。如果某位同事需要帮助或是指导，上级主管可以及时了解情况，并尽可能提供必要的资源和帮助。大家讨论的重心应该放在手头的工作——今天需要做些什么——以及昨天的经验和教训上。在每天的碰头会上，要多和大家眼神交流，并尽量不使用任何电子产品，除非是要借助电子产品和同事远程联系。关键在"我们"，而不是"我"或者"你""你们"。碰头会也能加强期望。

在此需要提醒大家的是，在项目进行期间，一定要提醒自己不要将期望调整起来没完。大量的大幅度调整会引起员工的慢性压力，并降低敬业度管理者应该在给出明确的目标、合理的要求的同时，充当一个有效的指导者，为团队成员提供有效的指导和帮助。

六、收集反馈信息，灵活调整目标

对期望进行跟进可以采用一种既简单又公开的方式："开始—停止—

继续。"在每周的全体人员会议上，分析一下取得的进展、对本组织或企业战略的重要性，以及实现目标的可能性。这一简单的方式其中包含着贝叶斯修正的智慧，不断将新获得的信息融入决策过程当中。有时候，本周目标没有实现可能意味着整个项目都需要先停一停。如果你已经用尽了办法而团队仍没取得进展，这时与其一条路走到黑，倒不如先搁置一下。包括网飞公司在内的许多企业都一直在采用"开始—停止—继续"这样的方式来对项目进行评估。

如果团队成员们认为手头的项目应当继续，但同时又面临很大的瓶颈，这时候更换团队的领导或是成员往往就可以恢复积极良好的势头。出于多种原因，有时团队已经做出了最大的努力，可是依然没有取得成效。既然团队可以定期组建和重组，那么员工们自然也期待可以定期更换工作小组。这是一种对员工进行多种能力培训的宝贵方式，也是对员工个人成长的一种投资。成员们应当了解，自己正从事的项目不仅仅是自己个人的目标，还与整个组织或企业的成功息息相关。如果项目没有进展，那么组织或企业的实力就会被削弱，改变也就势在必行。

Halogen Performance、SuccessFactors 和 Cornerstone Performance 等软件产品可以帮助我们更好地设立清晰期望、提供反馈以及目标实现后给予喝彩。这些软件可以提醒骨干成员设立期望，指导团队成员以及每周的一对一交流，还可以将员工的个人目标与组织或企业的总体目标联系在一起，促进公开性（详情参见第六章）。借助这些软件的自动化方案，管理者和员工不用费尽心思记住自己的所有任务，还可以及时快速地提供虚拟反馈。这同时就要求领导者将期望设定得具体一点，并且公布达到成功之前的重要节点。通用电气公司开发了一款叫作"绩效发展（PD@GE）"的应用，来帮助主管人员对直接下属进行指导。管理人员应当经常性地与员工进行互动讨论，指导和帮助他们实现目标及自主获取反馈。不同于通用电气公司的旧时代了，现在这种管理方法是基于行为学上的正强化，而不再是基于恐惧。

七、加班会降低绩效

认真留意身边的员工们有没有慢性压力的征兆，如果有的话要及时干预。慢性压力的征兆包括：在办公室待的时间过长、体重变化、离群索居，还有喜欢大半夜发一堆电子邮件等。这也正是为什么每周例会和一对一交流如此重要。如果某位员工看起来正在遭受慢性压力，询问一下。必要的时候可以建议他或她休息一段时间。也可以通过引入额外的人力或资源，来缓解员工身上的紧张压力。含糊不清或不可能实现的期望则会引起员工的慢性压力，阻碍团队间的协调合作。

波士顿咨询公司提出了一种慢性压力的提醒方式，称之为"红色区域"。如果员工连续五个星期的周工作时间都超过 60 小时，其主管就会收到一张红色卡片。如果这种超负荷工作量是暂时性的，主管就可以在检查过后移除红色卡片。而如果工作过度是持续性的，主管就可以将该员工负责的一些项目分派给其他同事，从而帮助该员工减轻工作负担，将工作量维持在合理水平。波士顿咨询公司的这种方法既让人认识到在完成项目的过程中难免会需要长时间的工作，又提醒我们，为留住最优秀的人才并且保证他们最佳的工作状态，就不能让挑战带来的压力演变成慢性压力。

八、皮格马利翁效应

皮格马利翁效应（Pygmalion Effect）就是指为实现某一目标的渴望。在一项经典研究里，主管告诉随机选择的员工说他们"很棒"，如此便提高了对他们表现的期望。3～12 个月过后，自由评估人的评估结果显示，这些普通员工当中，有许多员工真的变得更为优秀了。针对以色列国防军和美国海军候补军官，以及重工业行业员工的研究也证实了皮格马利翁效应的存在。在这些研究当中，12%～17%的普通候补军官或员工因为皮格马利翁效应而表现优秀。研究结果表明，优秀的人能够激励他人，从而提高他们的表现，这种有效的激励机制有助于提高合理的期望。

有些公司通过职位名称来设立期望。塔可钟将自己店里的厨师称为"厨师冠军"，收银员则被称为"服务冠军"。迪士尼公司则有自己的"幻想工程师"和"演艺人员"。星巴克有自己的"合伙人"，苹果公司也有自己的"天才"。通过这种方式，员工对自己的身份认同自然而然地就带着对追求卓越的期望。"你是做什么工作的？""我是一名苹果天才。"带着这种职位名称的员工需要为顾客提供最优质的服务，否则就对不起自己头上顶着的闪亮头衔了。我曾经采访过一位20岁的迪士尼演艺人员，他的工作是清扫垃圾。我询问他是否享受为迪士尼工作。他回答说自己"很高兴有机会每天让人们开心"，而且即使20年后也愿意留在迪士尼工作。迪士尼乐园号称自己是"世界上最快乐的地方"，而这个目标已经内在于每名员工的期望当中，让游客们享受到最为极致的快乐。

相反的效应同样存在，被称为格莱姆效应（Golem Effect）。如果领导者表示或暗示团队的成员不称职或是懒惰，大家表现不好也就不出所料了。上高中时，我曾在一家加油站工作。上班第一个星期，我问另一位同事，当没有顾客的时候应该做些什么。他的回答："坐着歇着呗。"然后我就按他说的做了。如果为员工设立的期望过低，员工们是不会超出你的期望的。

皮格马利翁效应的实现离不开培训和信任。简简单单的"你真棒"是不会收效的。要想充分发挥内在激励的作用，不仅要给予员工更高的期望，还要培养他们实现这些期望的能力，以实现最佳的绩效。达成期望之后的喝彩不仅可以强化期望的效果，还能强化大脑学习回路的反馈。

九、每个人都应该为自己的任务负责

加拿大皇家银行的经营形势在 2004 至 2005 年间迎来了突然的好转，正是因为该公司成功运用期望提升了业绩。2004 年前，加拿大皇家银行这一加拿大本国最大的银行陷入发展停滞，不仅是在经营结构上，财务状况上也是如此。各项决策久拖不决，各分支机构各自为战。首席执行官戈登·尼克松采取了一系列的文化变革，以确保加拿大皇家银行执行力与目标之间的契合。他首先采取的措施就包括为每个分支机构设立具体的期望。在银行的各个业务方面都建立了共同的目标，由此各分支机构可以同心协力实现银行的整体目标。为了充分发挥期望带来的积极作用，每家分支机构都要起草一份章程，以保证期望和责任的公开透明公。在每份章程中，一个关键的要素就是要张开怀抱迎接挑战，而不是躲避挑战。这些变革奏效了。截至 2007 年，加拿大皇家银行的全体员工都全身心投入到了达成期望上，财务业绩处于同行业顶尖水平。

日本的丰田公司也成功地通过改变期望实现了收入的激增。通用汽车在加利福尼亚州弗里蒙特市有一家组装厂，连续数年都受困于生产率低下、生产车辆质量低劣，以及接连不断的罢工。通用汽车无力解决这些问题，只得在 1982 年关闭了这家工厂。根据美国汽车工人联盟的数据，通用汽车在弗里蒙特市工厂的工人被认为是"全美国汽车行业中最差的劳动群体"。

20 世纪 80 年代，丰田公司与通用汽车建立了合作关系，这使得弗里蒙特市的原通用汽车组装厂得以重新建立，并且由丰田公司的管理团队担任运营，最终该厂也改名为新联合汽车制造公司。原来的大部分员工都被重新雇用，并接受了丰田生产系统的培训。这是丰田公司在北美地区开设的第一家制造工厂，也是不断完善的丰田式管理模式第一次运用到除日本人以外的国家的人身上。丰田公司的资料显示，高管们曾怀疑丰田生产系统是否适用于美国人。

丰田公司针对质量和生产率制定了具体的期望，每名员工都知道，只有全部期望都达成，这家工厂才能存活下去。工人们并没有排斥这些目标，而是欣然接受。在丰田接管这家工厂之后，缺勤率由通用汽车管理下的近20%下降到了2%。丰田的管理者们允许员工只要发现一处缺陷，就可以停止生产线运行，以此展现了对员工的信任。丰田的一条重要价值观就是"尊重员工"，将员工放在首位。举例说，之前通用汽车会在销售额下降的时候定期解雇员工，但丰田却是先从其他方面削减开支，包括降低主管的报酬，万不得已的时候才会解雇员工管理者应当认真履行职责，并且坚守承诺，以建立双方的信任关系。

新联合汽车制造公司的高期望文化带来了切实的成效，单辆车的组装时间由通用汽车时期的31小时降低至18小时。每百辆车故障次数也由135次下降至45次。情况的好转离不开高期望和员工与主管间的不间断反馈。确实如此，每当生产线上的员工拉下安灯挂绳以停止生产线运行并解决问题的时候，主管们都会表示庆祝。

建立一种充满信任的氛围，意味着每个人都应该为自己的行为负责。实施问责制，需要根据期望来进行。如果有人未能完成任务，领导者应该仔细检查，确保问题得到及时解决。

十、以薪酬激发显性动力，期望激发潜在动力

有一份调查显示，管理者认为89%的员工离职是因为工资的原因。可为了更高的工资而跳槽的员工实际上又有多少呢？只有12%。工作并不仅仅是因为工资。诚然，员工需要工资，但他们不会因为金钱而把自己的激情奉献给工作。

工资应当尽可能地与表现脱钩。明尼苏达大学的凯瑟琳·沃斯与同事的研究表明，如果员工的心思都在钱上，合作的意愿就会显著降低。建立

一种高信任度的文化就是要运用每名员工的内在激励机制来共同努力实现目标。其行动的纲领是"让我们来共同面对"。

衡量每名团队成员所做出的贡献对于决定期望是否达成诚然重要,但组织或企业的成功需要每名员工在团队间的有效合作。从 360 度绩效评估等评估方法来看,往往每位团队成员都能提供可以创造价值的信息。但是为了突出团队合作的重要性,工资的调整应当以整个组织或企业的成功为前提。这就不符合仅仅依靠金钱激励的"按劳取酬"工资结构为了激发员工的潜在动力,我们应该给予他们更高的期望,并给予他们更多的奖励。

实际上,只需适当的绩效薪酬就可以激发员工的内在动力。这一发现是我在一系列研究当中得出的,由当时的博士后研究生薇罗妮卡·亚历山大完成。她测量了受试者在完成 40 遍工作任务时的神经活动。首先受试者被分配了三种不同的待遇:每项正确完成的任务可分别获得 50 美分、75 美分和 1 美元。接下来就是该实验让受试者不开心的地方了。薇罗妮卡告诉受试者,大部分人在完成实验后都可以得到 20 美元。简单计算一下,待遇最低的受试者需要正确回答所有问题才能得到平均的报酬,中等待遇的受试者则只需要正确完成 70%就可以,而待遇最高的那一组只需要完成 50%就能拿到平均报酬。

如果报酬太低,积极性自然会大打折扣。正如 20 世纪 80 年代的超模琳达·伊万格丽斯塔曾说:"没有 1 万美元我连床都懒得起。"但是,如果每完成一项任务都能获得大量的钱,人们就会只为了钱而工作,而不会去追求完成任务的内在激励。

那么三组受试者当中哪一组的表现最好呢?中等待遇那组完成任务的正确率是 72%,而待遇最低与最高的两组的正确率分别是 63%和 64%。神经数据可以解释这背后的原因。根据环境心理学的研究,当个体活动空间受到限制时,他们的唤醒程度会随之提升。这种情况下,受到限制的个体会表现出攻击行为,其唤醒程度会随着受到的限制的程度的增加而提升。这些数据表明，待遇最低那组的受试者因为试图达成几乎不可能的完美目标而过度紧张。挑战给他们造成了过高的压力，因为他们所面临的期望是不切合实际的。待遇最高的那组同样压力过大，只不过是出于另外的原因。他们将所有的心思都放在了外在的显性激励上：由于完成每项任务的报酬很高，他们付出了过多的精力用来完成任务，为的是获得报酬。过高的报酬反倒给他们的表现带来了不良影响，因为他们一心都放在了钱上。在待遇中等的那组中，受试者看上去可以平衡处理克服挑战带来的隐性动力以及得到一份可观报酬的显性动力。他们的唤醒处于中等水平，表现则是高水平。

　　心理学和生物学的许多研究都发现了这种"金发姑娘原则"过低不好，过高也不行。耶基斯-多德森定律表明，当一个人的动力水平增加时，他的工作效率也会随之提高，形成一个倒 U 型的趋势。最理想的关系在中间位置：在工作当中给予员工适度的挑战，并且支付合理的报酬。如此可以同时利用员工的隐性和显性动力。这种理想的方式与本章之前所讨论的催产素水平与挑战压力之间的倒 U 型曲线不谋而合。这就是设立期望的艺术：设立虽然困难但却可以实现的挑战，并给予自主工作的员工合理的报酬。在具体实践中，要不断对这两个因素进行合理调整。

　　"按劳取酬"的奖励方式非常出人意料，而且不是简单的。作为喝彩的一部分，提前或是在预算之内完成任务的员工得到的奖励不仅合情合理，也将会是非常好的激励因素。但如果每完成一项任务都能获得奖励的话，那么员工只会在以外在的显性动机，从而阻碍团队合作的社会动机。

　　有时候，隐性和显性的动机并不足够。如果期望接连落空，而且改进措施也未能提高员工实现期望的能力，该员工和其他团队成员都会面临崩溃的边缘。应当利用每周的一对一谈话讨论期望落空的原因。比方开始的时候可以说："看起来你在实现目标方面遇到了问题。我能帮些什么？"如果这样也不能奏效的话，我就会和员工探讨为什么这个职位可能不太适合这名员工,然后我能如何帮助他或她找到一份更加合适的岗位。既然每名员工的期望都是清晰明确的,解雇那些没能达成期望的员工就不会让任何人惊讶。如果这名员工确确实实在工作中付出了努力,我会利用自己的人脉帮他或她找一份新工作。我们的眼光要放长远一点:也许将来有一天我们会在另一家公司的某个项目共事,又或许这名员工在接受培训后又回我们公司工作。如果要解雇某个人,我想要达到的是让他或她主动提出请我吃饭这样的效果。为什么呢?这名员工的烦恼在于不能达到期望,而我正好可以解除他或她的这个烦恼。烦恼解除了,人自然会感到高兴。

十一、将工作内容游戏化处理

在苏联对德国柏林长达一年(1948—1949 年)的封锁期间,志愿者们不分昼夜从西柏林向东柏林空运食物和物资。该项行动由威廉姆·H·特纳少将指挥。这种每天躲不掉的苦差事很快降低了大家的士气,行动效率也越来越低。为克服这一困难,特纳将每天的期望设成一种竞赛的方式。各小组之间互相竞争,看哪组卸货的速度最快。所有的团队一起用美餐来为获胜者庆祝。因为这场竞赛,人们给特纳将军起了个绰号——"大吨位特纳"。他成功地将一件苦差事变成了一种游戏。

现在,将工作游戏化是一种越来越流行的设立期望的方式。虽然一部分人将其视作一个全新的泰罗模式,但泰罗早期就已经构想出一套完整、全面、可持续发展的科学管理理论,他强调,只要把握好企业管理中的关键环节,就能够达到更好地发挥效用,从而获得更多的经济效益。许多把工作变成娱乐活动的公司和机构,他们的效率和专注程度极大增强。实现这种转变的核心就要求,我们的工作必须具备明确的目的,就好比"开心消消乐"里的挑战,并且要求我们不断努力,最终取胜。譬如美捷步公司的例子,美捷步员工收到的"美捷步元"就可以很好地量化了员工提供帮助的重要性。这就是将工作游戏化的一个简单例子。

将工作游戏化最好的实践是在培训和认证项目当中。很多培训的知识灌输过程索然无味，让人昏昏欲睡。如果获取专业知识的过程可以变得有趣，就能吸引员工更好地参与，甚至是期待接受培训。现如今，《福布斯》全球 2000 强企业榜单中，有 70% 的企业都利用将工作游戏化的方式来提高员工的敬业度。美国宾夕法尼亚大学沃顿商学院的教员们通过试验发现，将工作游戏化可以改善心情，但却不一定会增加生产率。研究结果表明，只有那些积极参与游戏的员工，才能够获得真正的情感激励，这一点值得我们深思。被迫接受游戏和被迫做其他任何事没什么不同—多有趣的游戏也不会让人感到有趣。

将工作游戏化也有可能会适得其反，尤其是有些组织或企业用物质激励细小琐碎的任务。此时员工的适应性和创造性都会大打折扣。此外，还要注意不要让员工在游戏化过度的工作中失控，并避免上级对工作生活的控制忽视现代企业的流动性。从细小琐碎的任务到微观管理只有一步之遥。

第三节　简化组织流程设计，适当放权

简化组织流程设计，实行扁平化管理，有助于在企业内部构建职权明确、职责清晰的管理体系，可有效避免中间环节的扯皮，减少内耗。同时，适当放权可以让员工们挑选自己想要的工作，从而实现自我管理，82% 的组织信任与"放权"有关。

职称有一天会不会过时呢？尽管公司员工各自的技能不尽相同，但我们难道不是为了共同的目标努力吗？如果是这样，那么职称（甚至升职）还有必要吗？美国的晨星公司是全美增长最快、盈利能力最强的农业企业之一，这家公司里就没有职称。所有员工间都以名字相称。就连公司创始人和所有人克里斯·鲁弗的名片上都只有他自己的名字。晨星公司的每名员工都可以根据自己的意愿选择加入任何一个工作小组,只要承诺能为该工作小组创造价值。晨星公司的番茄加工制品(番茄沙司、番茄酱和煨番茄等)占全美总产量的一半以上,而且几乎仅凭一己之力在过去的 30 年间将番茄制品的价格降低了 80%。鲁弗将晨星公司的成功归因于卓越的企业文化和极致的工作效率。

放权可以称得上是打了鸡血的高产,它可以给予员工选择如何、何时、何地完成工作的自由。看起来是不是特别适合知识工作者?确实如此但放权对非知识工作者能奏效吗?

为了收集更多关于企业调适的决策,我曾 6 次到访晨星公司,其间通过采访对总共有 2 500 名员工的该公司进行了典型实例调查。其中有番茄采摘工、卡车驾驶员,还有大型番茄加工设备的操作员,这些都是典型的蓝领工人。晨星公司的全体员工当中有高达 80%属于季节性劳工。这些员工每年有 4 个月的时间在晨星公司从事番茄的采摘、清洗以及加工。到了第二年同样的时候,他们还会回来,申请加入工作小组的时候只要写一份《同事理解书》就可以,里面说明自己将如何为该工作小组创造价值。各工作小组自己制订工作日程,推动效率提升,解决争端纠纷。员工还可以选择自己的职业道路。

一、放权面临的障碍

随着"零工经济"的出现,许多美国的劳动者被授予更多的自由,他们可以担任多种职责,而且可以在一定程度上提高自己的能力,因此,让他们拥抱自由,让他们在更多的领域发挥自己的潜能,成为一种新的商机。根据一项全球范围的 36000 名受访者的研究,仅有不足 3%的企业实施了较大的授权。然而,大多数受访者仍然期待拥有更多的个性化的职场体验。根据一项 2012 年的智能办公研究,接近 2/3 的受访者期待拥有更多的职场控制力。随着时代的发展，越来越多的人开始追求个体的独立、平等和可持续发展，他们希望能够将自我、职场和社会联系起来，并且能够从科学的发展和变革中获益。然而，令人遗憾的是，并未有任何人明确地宣称要担任公司的领导职位。

许多公司没有实行放权的一个原因是，"OXYTOCIN" 8 种因素当中，只有放权之前的所有因素都能实现，才能有效地推行自我管理。需要用喝彩来庆祝胜利，并找出错误的原因；必须设立明确的期望并提供支持；管理人员必须有效地通过高产来将项目执行的控制权下放。根据最近一次洛普民意调查显示，超过九成的受访者期待公司提供一种有利的环境，以便他们可以更好地实现自身的发展。此外，有超过一半的受访者表示，他们也期待公司提供一种更加开明、更加有效的企业文化，以便他们可以更好地实现个人发展。因此，如何将放权的企业文化应用于各个领域，以提升公司的竞争力，促使公司发展壮大，变得十分重要。如果一家企业拥有巴西的传统制造商和高新技术公司，例如 MenloInnovations 和戈尔公司，那么这家企业便可以借鉴他们的成功经验，并在此基础上创新，构建一个更加开明和灵活的管理体系。

二、放权对大脑的影响

放权可以使人们能够控制自己的工作生活，从而抑制激素皮质醇的分泌。皮质醇是人体内应对慢性压力的主要激素，如果长期保持在较高水平，就会引起动脉硬化，诱发心脏病发作，还会引起血液当中葡萄糖含量升高，从而诱发糖尿病。此外皮质醇还会侵害大脑中的海马体，而海马体是大脑当中将经验转化为学习的关键结构。长期的高皮质醇水平危害极大。

与此同时，在工作当中缺乏自主权的人会感觉受到贬低，并且会产生更多的压抑情绪。美国心理学会就把"自主"视为心理健康的四个要素之一，其余三个因素分别是关系、能力与自尊。充分的自主权对于心理和身体健康以及对工作的高度参与都是不可或缺的。

人们对自主的渴望并不仅仅是西方世界的理念。一项针对来自发展中国家和发达国家 24 个地区的 5000 名管理者的研究证实，放权可以提高员工对工作的满意度以及动力。这是因为员工知道自己何时准备好去处理每天的工作任务，并且将之做到最好。放权并不意味着自己单打独斗。相反，当员工被赋予放权的权利时，他们需要自己组建或是加入别人的团队，并需要明确可以为彼此带来的价值。放权还可以建立社会联系，因为自我管理的员工需要经常性地切换团队。

三、用员工自己设计工作代替简单粗暴分配任务

通过实施工作形塑，可以让员工更加自主地发挥自身潜能，而不仅仅是被动地接受指令，从而实现放权的目的。员工可以互相沟通协调，在选择自己最喜爱的工作内容的同时完成组织或企业的全部工作。这可以极大推动大家的创新能力与热情，同时降低工作劳累的风险。通过让员工对自己的工作进行形塑、再形塑，自然能保持员工的高敬业度。工作形塑可以鼓励员工试着接受那些第一眼看上去颇有难度的工作任务，因为有一定难度但是可以完成的工作任务具有非常大的鼓舞作用。

维尔福软件公司可以说是高放权度企业的模范。维尔福公司推出的多款网络游戏，如《反恐精英》《半条命》《传送门》《求生之道》乃至《刀塔 2》，都深受玩家的喜爱，为玩家带来了更多的乐趣。维尔福公司的员工在入职时不是被分配到各个工作组之中，而是可以自己选择。新入职的员工被鼓励到公司各处走动，看看其他员工正在进行什么项目，并决定加入自己认为"有趣"且"值得"的项目。维尔福公司的员工手册不仅像漫画书一样生动有趣，而且极为简短。其中有一部分是"我如果搞砸了怎么办"，手册中讲："允许犯错的自由是（维尔福公司的）一个重要特点。如

果我们对犯错的员工进行惩罚的话,怎能期待员工为我们创造价值呢?即使是代价高昂或是影响恶劣的错误,我们都真诚地把它们看作是学习的机会。"在维尔福公司这样一个扁平化组织结构当中,所有的工作都不是上级指派的,没有管理者发号施令,而且员工轮流担当项目负责人。维尔福公司甚至没有传统意义上的销售或是市场部门,而是寄希望于顾客间口耳相传的口碑。每个工作小组会在项目结束后对每名成员做出的贡献进行评估(即项目总结),并经常组织喝彩。这就是放权的最佳状态。维尔福公司的员工规模已增长至300多人,而市场价值据估计高达25亿美元。

像维尔福公司这种推行放权的组织或企业当中,从一线工人到最高管理者之间没有那么多的管理层。纽柯钢铁公司是一家总部位于美国北卡罗来纳州夏洛特市的大型第二代钢铁生产商。从1966年至今,纽柯钢铁公司的收入从2100万美元增长至200亿美元。纽柯将自己的成功归于去中心化的企业文化、试验新事物和失败的自由以及报酬的平均主义。纽柯从首席执行官到一线员工之间只有四个管理层级,而且行政办公室里只有90名员工。纽柯推行放权是通过将大多数经营决策交给各部门经理。前任首席执行官丹·狄米科曾说纽柯的管理哲学是"雇用合适的人,为他们提供资源和工具,然后就别碍人家的事"。

四、放权管理的最佳途径之一就是让自己完全离开

在设计高放权度的工作场景时,挑选合适的员工非常重要,因为员工应当明白如何互相合作,为彼此负责。有些人不情愿或者是没兴趣管理自己。我在晨星公司就曾遇到一位驾驶番茄收获机的员工,他就告诉我说自己不喜欢自我管理,因为这会让他"太费脑子"。当美捷步公司于2015年在全公司推行放权项目时,不想专心致志于自我管理的员工可以选择辞职,并领到一份三个月的离职补偿金。有14%的员工这么做了。在设立

了清晰的期望之后，可以找出那些不适合放权文化的员工，然后对他们进行专门的培训或是直接买断。

通过放权管理，有时候可以让自己完全脱离控制，从而获得更大的成功。巴塔哥尼亚股份有限公司是一家位于美国加利福尼亚州凡吐拉市的制造商，主要为攀岩、皮划艇和远足等户外活动的人提供户外装备。这家公司就有一个午餐时间的冲浪小组。因为员工可以完全自主的负责自己的项目（期望），而中午又是冲浪的最佳时机，那么员工选择晚上工作，把中午的时间用来冲浪又有何不可呢？巴塔哥尼亚公司的创始人伊冯·乔伊纳德还会定期从公司消失，且一消失就是几个月的时间，用来探索世界。乔伊纳德将这种管理方式称为"缺席式管理"。尼亚公司旗下的零售店也在实行放权式管理，员工接受交叉培训，还可以自行安排轮班。一位店长曾跟我说，当店员告诉顾客"我去叫一下经理"时，顾客会感觉店员缺少培训以及责任感。巴塔哥尼亚公司发现，大多数决定可以由店员自行做出，而不用店长的监督。巴塔哥尼亚公司就被描述为"一家通过纵容自己员工来实现盈利的公司"。

朝八晚五的工作制度有什么大不了的？这不过是一种社会惯例而已，而且不符合许多自主性强的员工的生活方式。正如泰勒主义因为试图将任务细分为一个个不需要动脑子就可以完成的小部分而失败一样，标准的工作日也是微观管理的一种形式，在很多有价值员工身上并不适用。如果有需要完成的任务，为什么不让员工自行决定如何以及何时完成呢？

巴西制造商塞氏企业的首席执行官里卡多·塞姆勒认为放权式管理就是"把自己的员工当作成年人来对待"。塞氏企业是一家完全民主化的公司，所有决策都按照一人一票制，而塞姆勒本人也仅有一张选票。员工需要对自己负责，管理好自己的时间以及与团队成员会面，以完成各个项目。在塞氏企业，所有的会议都是非强制性的。所有设立的期望都清晰明了，员工如果想在这里继续工作的话就必须展现出自己为公司创造的价值。夏尔·阿列克西·德·托克维尔于 1835 年问世的《论美国的民主》

（*Democracy in America*）一书中就指出，全能型的政府把人民都当作是巨婴。全能型的组织或企业管理层也是如此对待员工的。既然员工可以自己按时起床，自己穿好衣服，自己来上班，当他们开始上班时，管理者又何必通过微观管理来指手画脚呢？

五、规则行事与相机抉择

将员工视为成年人，意味着尊重他们的选择权，而不是以规则来限制他们的行动。尽管路德教派倾向于遵循德国人的传统，但比尔·麦金尼在2003 年担任施利文路德会金融（现已改名为施利文金融）的副总裁时，他提出了一种新的观点，即让员工拥有更多的自主权，以便更好地实现自己的目标，而不是被规则所束缚。这家拥有悠久历史，市值超过 80 亿美元，跻身福布斯前 500 强企业，但其各项规章制度却显得极其混乱，令人担忧。

施利文金融公司当时对员工出差时餐饮花销的规定已经到了事无巨细的地步。包括什么情况下酒类饮料可以报销，什么情况下可以请客户吃饭，以及冗长而又繁复的着装规定。员工需要浪费大量的时间来记录自己对规定的遵守。为了去除不必要的繁文缛节，麦金尼等人成立了一个"打破规定委员会"，委员会的成员要找到浪费员工时间的规定，并提出用员工的相机抉择替换盲目遵章办事的政策建议。他们首先从出差这一方面开刀。按照新规定，差旅费每季度才审查一次，而且合理的花费不需要提供证明。之前繁复的着装规定也改成了一条简单的建议："合适着装。"

施利文金融公司的"打破规定委员会"大大改变了传统的规则，让员工拥有更多的自主权，从而更好地权衡投资成本和回报。现在，施利文金融公司的投资回报率在同行业中处于领先地位，员工也可以从中获得更多的利润。

谷歌公司采取了一种独特的方式来改革其内部的管理制度,这种方式被誉为"官僚主义克星",即通过雇员选举来确定哪些规章制度应该废止,之后各部分负责人就会采取相应的措施来实施这些改革。一些公司在一年内实施的改革包括取消超过 20 条不合理的条款,从而减轻雇员的负担,促进他们的积极性和专注度。谷歌公司的一项重大改革,即取消了在支付出国人员的差旅费用时必须出具的书面凭证。现在,谷歌公司的雇员不再受限于传统的文字记录方式,他们可以通过使用智能设备,如相机,将所获得的图像存储在电子邮箱中。

房屋租赁公司爱彼迎则将自己的做法称为"原则取代政策"。爱彼迎的副总裁迈克·柯蒂斯则将之简称为"胆量检验"。在爱彼迎公司,小于 500 美元的花费不需要上级批准。如果员工想要花费 500 美元以上,他们就要考虑这项花费是否确有必要。爱彼迎员工的良好判断力得到了信任。这项政策改变之后,爱彼迎的酌量性支出并没有上升,而且还摆脱了大量文书工作,节省了时间。晨星公司也允许员工花费不超过 1 万美元来采购需要的物资和设备,而且不必得到上级的批准——只要他们事先和同事们协商好就可以。

六、关于管理专业人士最好方式就是"自由放权"

对总共有 2 万多名受试者参与的 114 项关于放权的实验室及现场试验荟萃分析发现,赋权(代指放权)上升 5% 就能给表现带来强劲的提升,足足提高了 28%。一项员工研究显示,放权的提升可以提高员工的生产率、客户服务、工作满意度和对公司的奉献精神。

放权对于往往收入较低而又不受待见的政府雇员也能奏效。在一项管理实验当中,公务员接受了关于自我管理、工作及家庭压力应对、目标设定等培训,还被要求制订关于是否实现目标的自管式的奖罚措施。在这项实验开展之后,这些之前经常翘班而又有工会撑腰的政府职员的实际工作时间上升了 6%。而该效果在试验结束之后依然在持续，一年后的实际工作时间较干预之前提高了 15%。

有时候放权往往是不得已而为之。在 20 世纪 90 年代，快餐连锁店塔可钟正值快速扩张期，面临着管理人员不足的难题，而且也不想雇用一帮尸位素餐的人来填补空缺。为解决这一问题，塔可钟采取了双管齐下的方法。一方面设立少数区域经理，他们经受过良好的培训，待遇也很优厚。另一方面是将放权于成千上万的一线员工。区域经理的时间用来对新来的厨师、收银员和清洁工进行培训，教给他们如何自我管理。拿着最低工资的员工接受的培训则是招聘并培训新员工、管理库存、负责现金进出并保持与区域经理的沟通。塔可钟后来的调查显示，员工的敬业程度很高，而且进行了许多有价值的创新，其中很多创新还被全公司采纳。例如，在客流量较少的时候，塔可钟的员工会自行组织交叉培训，负责自己分配之外的工作，以帮助公司进步。放权的自由还提升了客户的满意度和门店的利润。

荷兰一家叫做博组客的荷兰家庭病人护理公司在让自己的护士们自行负责之后也起到了类似的效果。博组客将自己的管理方式称为"责任制护理模式"。护士最为了解客户的需求，因此博组客就让护士自行组队负责护理的方方面面。这种方法能奏效有许多方面的原因。护士团队的规模很小，不超过 12 名护士，从而减少了协调工作。高级护士担当着教练的角色，为有时候多达 45 个护士团队提供帮助，解答这些团队的问题，并确保他们遵守相应的规章制度。博组客还开发了自己的软件，供各团队互相分享信息，并从中提炼出了一整套最优做法。91% 的客户对博组客公司的护理服务感到满意，而且博组客员工的工作满意度也高达 89%。许多学术分析都显示，相较于荷兰其他护理公司，博组客的工作效率要高 43%，而且客户被送到急救室的概率也小得多。博组客的格言就是："如何管理专业人士呢？不用管理就行了！"

七、团队间的放权

放权是一种有效的激励机制,它能够帮助团队成员建立起信任和合作关系,从而提升员工的工作热情和责任感。当一名或多名员工出现失误时,团队将会受到严重的影响,因此,要求他们能够自觉地完成任务,并及时纠正和更换不足,以确保团队的发展。通过授权,我们能够更好地实现成功所需的灵活性。

作为一个开启一个新项目的尝试,你可以鼓励员工主动参与,而不是把它们分配给其他人。这不仅体现了信任,也可以让员工更好地理解他们在完成项目方面的能力。此外,通过有效的沟通和交流,可以更好地实现放权。使用"志愿者""同事"和"队友"来指代工作可以带来积极的开端。

海军上校大卫·马克特曾担任美国核动力潜艇"圣达菲"号的指挥官。他通过改变自己潜艇上使用的语言带领自己的团队朝着放权迈进。在传统的指挥模式当中,军官在做出行动前需要请示指挥员,比如说潜艇下潜。然后指挥员回复"下潜潜艇",来同意该请示。马克特让自己手下的军官用"打算"来替代"请示",听起来像是该军官在告诉别人自己的行动,而不是在征求许可。掌舵军官可以说:"艇长,我打算让潜艇下潜。"在艇长回应后,舵手就可以进行潜艇下潜的操作,免去了微观管理的麻烦。虽然艇长仍可以否决军官的打算,但是这种语言方式会向艇员们传达一种信息:"你们是自己的主人。"马克特认为,随着组织当中放权程度的提升,工作当中的语言会从征求许可到"我打算如何"或"我刚做了",接下来就是"我一直在做"。

现在,放权已经被美国海军更广泛地采用。2015 年,美国海军开始大力推行放权政策,以改善海军在 21 世纪的人才招聘、培养、晋升以及使用的模式。为此,美国海军的一个重要部门——美国海军战略研究小组,制订出一项全新的计划，以实现这一目标。迈克尔·托尼斯少校及其团队强调，在现行的指挥体系之外，必须进行两项关键性的调整：授予更多的自主性，并建立起更多的信任。此外，将更多的决定权交给基层军官，可以让军官更加积极地参与，并且能够给予军官更多的机会去实现自己的抱负。他们努力着手改善管理水平，以便更好地维护船只的安全，并且加强军事设施能力。

八、每个人都是自己的品牌

在被调查时，员工在工作中面临的最大挑战之一就是与上级的沟通。在 36000 名员工中，令人震撼的 97%表示，其上司的态度极其傲慢、霸道、掌握大局的能力极其出众。因此，如果能够实施更多的授权，将会大大缓解上司对下属的指责，并且能够增加上下级之间的沟通，让上下级之间的关系更加融洽。彼得·德鲁克指出，现代企业不应该由领导者和下属组成，而应该由同事组成的团队。作为领导者，应该尊重和尊重每一份工作，并且在工作中给予每一份工作都应有的尊重。美国铝业公司正在采用这种方式，即取消管理者的特殊职责，从而实现更大的自主性。在这句话里，作者强调了一个重要观点：拥有最佳表现的员工可以获得更多机遇。

艾登麦克伦公司深知，要实现分层管理和完善的个体管理，必须建立起一个和谐的平衡。尽管该公司聘请来的专业顾问超过 500，但实际的管理者并不多，因此，艾登麦克伦公司致力于实现这一目标。艾登麦克伦公司正努力吸引和培养一批具备创新思维和实践能力的专家，这些专家既来自麦肯锡，也来自贝恩，他们能够根据个人兴趣和能力，灵活安排自身的工作和活动，从而实现个人的梦想。艾登麦克伦公司每次收到新的任务都会立即召集一批经验丰富的专家，仔细调查谁最适合参加这一计划。公司的行政部门及新的业务部门都是一个精英级的团队，这样一来，公司的运营成本就极为节省，而不像一些公司那样，需要耗费巨额的人力物力来支撑。艾登麦克伦公司致力于打造一个具有高度自主能力的现代化商品交换平台，以满足客户对于高品质商品的需求，并且通过这种方式实现客户的长期利益最大化。

领英的会员表示，拥有较强的放权度的公司能够提供较大的灵活性，从而使他们能够根据实际情况调整职位，而不必受到过大的限制。这种放权度的公司能够提供较大的灵活性，允许员工进行跨部门的沟通，以及使用先进的信息系统来降低人力资源的消耗。根据许多研究表明，使用电脑上下班的人的生产效率明显优于那些依赖固定上下班的人。这主要是因为他们可以节省上下班的时间，并且能够有效地应对上下班的压力。此外，使用电脑上下班的人也会感到更加满足，并且离开的概率也会降低。尽管大部分企业已经开始实施电子化办公，但仅仅三分之一的领导相信，如果没有外部的指导和约束，企业就无法实施真正的放权。德国的一项调查显示，即使企业能够让员工根据实际需求来安排工作，也会导致其平均每周超过规定的 7.4 个小时的工作量。通过鼓励员工独立思考并制订计划，我们能够显著增强他们的专注力和责任感。

九、开放式办公环境能够提升放权的作用

科技行业公司是最先对员工的灵活性需求作出回应的，因为市场上的人才资源相当有限。英迪诺网（InDinero）以"企业民主"的文化作为基础，实行"扁平化"的团队结构，并给予企业更多的自主性，它既禁止雇佣高层管理者，又采用"协作"的方式来做出最终的决策。英迪诺网的放权文化取得巨大的成功，其中最重要的原因莫过于：它给予每位雇员足够的话语自由，让他们从其他方面获取建议，从而激励他们更好地完成任务。甚至，工资和奖励的设置都需要各方共同参与，才能达到最佳的结果。当目标的衡量方法客观而且连续的时候，放权文化自然会兴盛。

随着 21 世纪的到来，全美马萨诸塞州的蓝十字蓝盾医保有限公司意识到，由于其高素质的人才日益减少，他们被迫离开了支持电子通勤的竞争者。经蓝十字蓝盾医保服务公司的一项重大改革，他们将 150 名员工安排到家中，以检测他们的日程安排是否能够达到预期的目标。实践证明，这一改革取得的成绩令人满意：700 多名员工可以安然无恙地从事自己的日程安排，而且他们的生活质量还得到提升。蓝十字蓝盾医保有限公司正在尝试一种新的工作模式"办公桌轮用制"，它既能够大大增加员工的流动性，又能够有效地减少企业的运营成本。譬如，该企业允许员工在公司内部选择几天的办公位置，而在企业出现问题的情况下，则将其转让出去。采用共享的方式，可以大大降低企业的办公面积，并且可以使各个部门之间的沟通和理解得到极大的提升。

另一个放权文化带来繁荣发展的例子是高端家具与室内设计厂商赫曼米勒公司。其位于密歇根州荷兰小镇的设计工作室拥有极好的开放式办公室设计、个人工作空间、玻璃墙式会议室，还有无处不在的无线网络。我的实验室曾在赫曼米勒公司进行过一次神经科学实验，研究办公空间布局对员工协作的影响。我们获得了三种不同开放式办公布局下共 96 名员工的神经学及行为学数据。研究表明，与处于封闭式办公环境中的员工相比，处于开放式办公环境中的员工在工作时会更加专注，并且具有更强的创造性，能够更快地应对工作压力和挑战。在这种开放的办公环境中，员工的心情会变得更加愉悦，他们会感到与同事之间的关系更加亲密，并且更加相信他们的同事。此外，一系列研究也表明，这种办公方式能够增强授权的效果，促进团队的合作。

在对著名的艾迪欧设计公司（IDEO）进行的一次访问中，我询问艾迪欧的首席执行官蒂姆·布朗（Tim Brown），为什么他能在这家公司这么久。他的回答是"因为我每五年就会重新定位自己的职位"。在艾迪欧设计公司，就连首席执行官自己都在放权的影响范围之内。

十、拒绝出勤考核制度

网飞、百思买、集客式营销平台核心地带、博客平台运营商自动化家、推特、社交游戏开发商吉格纳和维珍集团都采用了另一种形式的放权：他们不再计算员工的工作日了。下午不想上班了？走吧。想去意大利的卡普里岛放松两周？没问题。只要员工所在的团队项目进展顺利，而且满足期望没有问题，员工想在何时何地用何种方式完成自己的工作都没有关系。而且不仅信任的程度提高了，日常文书工作和会计成本也在降低。2015年，网飞公司在此基础上又迈出了一大步：刚当上父母的员工在孩子出生一年之内，可以享受 16 周的带薪产假以及不限时间的不带薪产假。网飞公司在之前就已建立了强大的放权文化，所以这一产假制度非常适合。这一点非常重要：在欢迎放权的企业文化当中，给予员工更多的自由是一件合乎情理的事。里德·哈斯廷斯和里卡多·塞姆勒的观点大相径庭，他们都认为"像对待成熟的成年人一样"是公司文化的重要组成部分，并将网飞公司的成功归功于其高度放权的管理模式。

不可否认的是，如果不记录工作时间的话可能会引起工作过度。例如，工作过度的员工会主动选择离职。而自我管理的员工则能理解：如果他们不为组织或企业的目标做出足够的贡献的话，他们的工作也不会长久。想要解决这一两难，可以参考维尔福软件公司和我的实验室所采取的方法：项目领导者的轮换。如此，领导者的责任压力可以由大家共同承担。而且每个人都能学习如何领导一个团队。团队的领导者因为是项目成功与否的最终负责人，因此他们往往工作的时间更长。美国个人电脑制造商凯普洛公司的创始人安德鲁·凯就开发了一种实现放权的绝佳办法："我们把管理看作是一种教育培训，而不是指挥控制。我们控制的是过程，而不是人。"

解决潜在的工作过度问题还可以强调休假的重要性。一项全球性调查显示，休假时间更长的员工工作效率更高。美国的全职员工通常只能享受10 天的休假，这大大低于其他发达国家，甚至只有 25% 的美国人能够完整享受这些假期。但也有好的方面：根据美国人力资源管理协会在 2015年进行的一项调查，2% 的公司提供无限期的带薪假期，而且这一数字大有增长的趋势。高放权度的文化当中，自主性强的员工可以选择何时休假以及休多久的假。而且人人皆可如此。组织和企业的高管也应当树立这样的榜样，偶尔消失一段时间，给别人操纵局势的机会。

巴塔哥尼亚的创始人伊冯·乔伊纳德就曾描述自己的管理哲学为："让他们去（冲浪）吧。"像巴塔哥尼亚这样具有放权文化的公司可以解开员工的枷锁，为他们赋能。简言之，开放的环境能让放权发挥最佳的作用。

第四节　信息公开透明，降低沟通成本

企业内部过高的沟通成本，从管理的角度来看，就是内耗。信息公开透明，加强团队之间的联动和协作，可有效降低沟通成本，提高办事效率。

大家的工资单怎么公布？直接发到网上。公司收入和客户数量？也发到网上。公司邮件？每个人都可以浏览。员工的个人目标是否也需要公开？当然了，通过 I Done This 这款团队任务日历管理应用可以记录追踪每个人的工作进度，大家也可以看到彼此是否在过着多金又快乐的生活。

这种程度的开放是不是有点激进了？这种管理做法姑且可以称为激进式的开放。

巴佛软件公司是一家提供社交媒体优化服务的公司，这家公司商业模式的核心之一就是开放。"开放可以培养信任，而信任是伟大团队合作的基础。"说这话的可不是我，而是巴佛软件公司的创始人和首席执行官乔尔·加斯科因。自 2010 年成立 3 年后，巴佛软件公司的日活跃用户已达100 万。

很多人可能会想，这不过是一个古怪的软件工程师在幻想自己可以创办一家成功企业罢了。而且它可能还是"火人节"（始于 1986 年的反传统狂欢节，为期 8 天，每年 8 月底至 9 月初在美国内华达州黑石沙漠举行。基本宗旨是提倡社区观念、包容、创造性、时尚以及反消费主义）的常客。但是巴佛软件公司对于开放的专注可以得到科学的证明，确实是一种增强信任的有效方式。

慢性压力可以说是信任的破坏分子。而慢性压力的两大来源是老板和不知道老板的计划。我们公司的发展方向是什么？我们为什么要收购某某集团？我们公司会被出售吗？是不是要裁员了？此类问题会每天萦绕在员工们心头。这些慢性压力因素都可以通过开放来消除。本章就会介绍如何建立一种开放的文化。

一项调查显示，仅有 40% 的员工表示了解本公司的目标、战略以及策略。而已有证据充分表明，如果员工知道组织或企业的各项决策从何而来，他们的积极性和效率会更高。如果不让员工了解组织或企业的方向和目标，又怎么能期待他们发挥主人翁意识呢？这就像飞机驾驶员在起飞之前要提出一份飞行计划一样。管理者如果能向员工分享组织或企业的"飞行计划"，就能减轻员工对接下来旅程的疑虑。高产可以促使信息从一线员工向主管流动，而开放则要求主管向员工分享信息。这种双向车道可以有效地建立信任。

达维塔保健公司是一家血液透析和肾脏治疗的医疗公司，这家公司实现开放是通过鼓励团队成员间的开放式沟通，不仅有在指导教室举行的每日例会，也有月度的全员会议。达维塔的首席执行官肯特·西里还会定期举行电话会议，任何一名"团队成员"（这是达维塔对员工的称呼）都可以向他提出问题，并能立即得到公开的回复。达维塔的开放之所以如此成功，是因为它建立了一种考虑周到的分享式文化。达维塔"小村"是一个个各具特色的治疗和康复中心，而且各个"小村"之间的沟通畅通且公开。每个"小村"都是按照独立公司的模式来运营（即放权），每名团队成员都有决策中的发言权。通过广泛地分享信息，有效地遏制了官僚主义。这就使得各个"小村"可以快速对市场情况作出回应（即高产），还可以增强包容性。团队成员还可以定期根据自己选择的成功衡量标准获得利润分享奖金。达维塔的开放文化非常奏效：它的年收入高达80亿美元。

开放程度高的组织或企业往往具有扁平化的管理结构，以及简单的沟通方式。开放虽然不需要晨星公司或是塞氏企业那样的自我管理，但是管理层级越少，越容易做到开放。谷歌公司的氧气计划就检验了管理层级的减少是否会对生产率产生影响。实际上，可以说这项计划是在检验管理人员是否有存在的必要。确实有这种必要，尤其是设立期望，提供关爱和促进开放。基于这些发现以及一些自我管理实验，谷歌公司最终选择了一种将等级观念降至最低的管理结构。谷歌发现，当领导者分享大量信息的时候，谷歌人的工作动力更足。尤其是关于公司当前的战略方向以及各项决策背后的考量等的信息。谷歌的管理人员依然存在，但是他们扮演的是教练和信息通道的角色，而不是恺撒式的管理者。

盖洛普公司在 2015 年进行的一次关于 195 个国家及地区 250 万个有管理者的团队的调查也证实了谷歌公司的发现。调查结果表明，当主管和直接下属每天都有交流的时候，员工的敬业度更高。当团队成员知道团队正在朝什么方向迈进以及为什么时，团队的工作更有效率。

一、每员工的意见都十分重要

据悉，美国空军采取的是更加包容的政策，以取代"势不两立"中的强硬政策。美国空军学院过去曾经存在过歧视学生的做法，并获得学院管理者的认可。然而，这些做法既损害了学院的声誉，又削弱了学生的积极性。因此，美国空军学院的管理者们采取了一系列措施，以确保学习者能够获得更好的学习成果，并让他们在学习过程中更加自觉，而且也得到了学院领导层的默许，但是这种传统不仅破坏院方的权威，还影响士气。那种"照我说的去做"式的领导风格引起了学员对领导的反感，还导致了频繁发生的违纪行为。而且军校的纪律本来就严格。为此，学校采取措施，缩短周末的聚会，让学生们可以更加自由地参与到日常的社会互动中，从而有效地改善了这种情况。格雷戈里·伦吉尔少将提出了一项具有革命意义的改革，即让初级军官和学生都能够参与到学院的讨论中来。格雷戈里·伦吉尔先生指出，到目前为止，自己仍然不能成为团队中最聪明的一个。通过开放式沟通，伦吉尔少将激发了学员的主观能动性，使他们在作出决定时更加自信，士气大增，违纪行为也大大减少。

就算没有明显的干预，领导者也可以对开放带来的自然改变进行评估，从而找出哪些方式可以奏效。一项针对某医院临床护士管理者的研究，试验了不同的开放程度带来的影响，结果显示，分享更多信息的护士管理者更能得到员工的信任，而且这些管理者所在的部门表现更佳。当管理者向护士们分享期望背后的"为什么"时，可以激发护士为自己的队友好好表现的内在激励。这一自然实验向我们展示了如何在自己所在的部门发现可以推广到整个组织或企业的值得改进之处。

拥抱多元文化和多元思维是促进开放的重要因素，它们不仅能够帮助我们做出更明智的决定，还能为我们带来新的见解。根据估算，美国经济在1960—2008年间的增长中，女性和少数族裔贡献了15%～20%。在构建一个开放的企业文化中，充分尊重和倾听每个人的意见是非常重要的。通过充分尊重和倾听每个人的想法，并将其纳入共识，我们可以创造出一个公正、公平、充满活力的工作氛围。只有这样，才能让每个人都投入到工作中去，实现共同的目标。

二、实施工资公开策略

我们不必一股脑地照搬巴佛软件公司那种激进式开放，即使是朝着开放迈出一小步也能提高生产率。美国米德尔伯里学院的艾米利亚诺·休特·沃恩在一项研究中随机选取了一半计件工资员工，并告诉他们其他同事的工资；另一半员工则对其他人的工资一无所知。几周之后的评估发现，处于开放式环境的员工比对照组的生产率要高10%。

公开工资可以帮助促进公平，也能激发关于工作当中的付出与收入之间关系的讨论。我的实验室经常提出各种寻求研究经费的提案，许多同事都出力不少。我的推测是，如果预算表显示我将在某个项目上花费一个月的时间，我的同事们也许会将这份预算乘以12当作是我的年收入。为了促进开放，我决定和我的团队坐下来谈谈工资的事情（其实工资是由我所在的大学决定的）。为什么我作为教授和实验室负责人可以挣得比他们多呢？我列举了自己在支持大家工作，确保团队成功当中所做的经常不为人所知的付出。其中就有没完没了的各种文山会海，家常便饭似的离开家人出差。能让各位同事了解我每天所做的工作，我感觉特别棒。其他同事也开始谈论自己做的那些旁人往往看不到的工作。我的发现是，大家对工资差异并没有太多的执念。人们更多的想法是在于从事重要而且有挑战性的工作。通过这次座谈会，我们更加了解彼此对团队工作的贡献。

三、做到敞开办公室大门

尽管建立开放的企业文化可以带来一定的好处，但仍需要谨慎对待。不是所有的信息都可以公开，譬如客户的资料、产品研发数据等，办公场所也不例外。通过一系列研究可以发现，在开放式办公环境中，员工的工作效率和创新性都会得到提升。尽管大多数员工都希望有一个舒适的办公环境，但是，为了确保良好的交流，建议采用半高的隔断，并使用玻璃幕墙式会议室，以确保工作区域的安静，同时也能够有效地保护员工的隐私。

杰尔·斯特德曾担任数家"《财富》100强"科技企业的首席执行官，早在1993年便领导美国现金出纳机公司，并且成功地实施了一系列的开放式改革，这些改革为公司带来了巨大的成功。以前，杰尔·斯特德只能住进楼上的套房，并且楼下只能乘坐电梯，没有任何可以让外界进入的地方。但现在，杰尔·斯特德决定把自己的办公室改造成与同事们共享的开阔空间，让每个人都能够轻松访问。杰尔·斯特德也明白，只要能够与同事们共同出行，谁也无法阻止杰尔。杰尔·斯特德不仅定期举办"和杰尔·斯特德一起畅饮果汁"的聚会，更定期召集25位员工，让他们有机会表达自己的想法、提出疑惑，并且观察最近的业务情况。杰尔·斯特德不仅会细致地讲述各种策略背后的原因，更能够让所有人深入地理解他的改革方案。

杰尔·斯特德提出"门户开放政策"，以确保每个办公室的开放性，使得员工可以更加便捷地交流信息，而不必像以往那样将大门紧闭。然而，对于一些特殊的部门，譬如人力资源、会计和财务等，仍然需要定期关闭大门，以确保信息的流通。杰尔·斯特德希望每个办公室都能够保持开放，但是"门户开放政策"的规定却使得许多办公室的门仍然紧闭，杰尔·斯特德看到这一现象，便将所有的员工召集到自己的办公室，要求他们将公司的所有门全部关闭，虽然有人可能认为这是一个恶作剧，但杰尔·斯特德向外界传达一个明确的信息：美国现金出纳机公司正在积极推行开放式管理。那些必须保密的文件被妥善保管在一个有锁的档案柜中，但是每间办公室的大门都已经成为过去。

开放可以先从组织或企业内部做起，然后再扩展至外部。位于波士顿的集客式营销平台核心地带就在自己的网站上公布自己的财务状况、董事会会议的幻灯片、战略备忘录，有时候还有有趣的内部文件。首席执行官和创始人布莱恩·哈里根就曾说过："企业文化之于招聘，正如产品之于营销。"核心地带建立了一整套"文化语码"，不仅详细说明了自己企业文化的要求，还包括如何检查企业文化是否得到了贯彻。其中一条宗旨就是激进式的开放。几乎全部信息都对所有 800 名员工公开。但是"文化语码"当中也明确说明了几种例外情况，包括法律不允许的情况（例如，签署了保密协议等）和可能会泄露员工个人信息的补偿金等。

四、关于隐私与开放

伊森·伯恩斯坦的实验表明，保护个人信息的同时，也能够激发员工的创意和活力，从而推动社会的发展。他曾经在中国的某家手机制造商的几条生产线上实施过一项重大的技术革命，其中包括安装移动式窗帘，这种技术的出现，为保护个体信息提供了更多的选择，从而促进社会的发展。研究表明，采用移动式窗帘的生产线能够提升 10%～15% 的生产效率，这让伯恩斯坦意识到，采用这种技术能够为中国的劳动者提供更多的收益，因此，他的研究小组进行了多种实践，尝试着改善这种技术的应用。我们可以从中得到的一点启发就是，能够组织或企业当中设立一个"臭鼬工厂"（洛克希德·马丁公司高级开发项目的官方认可绰号，以担任秘密研究计划为主，研制了洛克希德·马丁公司的许多著名飞行器产品），或者说是"科研重地，请勿入内"，让大家可以尽情试验各种疯狂的想法。

组织或企业的重要文件包括战略和关键目标，这些信息应该在内部共享，以便更好地实现共识和协作。通过这种方式，我们可以更好地实现组织的发展目标。谷歌在分享自己关键目标方面就做的非常好，所有的内部团队都知道谷歌公司的发展方向。通过这种信息的透明流动，各团队能够更好地了解公司的整体战略，并且能够更有效地将精力投入到实现期望的目标中。

为确保公平公正，我们应该对员工的绩效进行公开评估。这样，大多数人都能够清楚地了解到他们的工作表现。然而，如果把所有员工的绩效评估都公开，可能会让一些员工感到尴尬，甚至引发"陶片放逐"（陶片放逐法是古希腊雅典等城邦实施的一项政治制度，雅典公民可以在陶片上写上那些不受欢迎以及极具社会威望、广受欢迎、最可能成为僭主的人的名字，并通过投票表决将企图威胁雅典民主制度的政治任务予以政治放逐），接着依次向员工公布他们的平均表现，但是对于他们的个人表现，我们应该私下向他们披露，这样才能让他们形成有价值的对比。通过这种方式，员工们可以清楚地了解自己的表现，并且可以根据实际情况来调整工作流程和培训水平，以达到更高的绩效。

五、倒金字塔结构

通过将各部门的绩效数据进行透明化，我们就更容易了解到那些负责制造、销售、维护等职责的一线员工的整体表现。此外，采用透明化的管理模式，也有助于改变传统的层级分化的管理架构。通过建立起公平、公正、包容的氛围，使得每个人都有机会从不同的视野出发，从而达到公司的总体战略，消除部门之间的分歧，形成一个有序地、有力地、有利于达到公司愿景的集合。

维内特·纳雅尔在 2005 年担任 HCL 科技公司的总裁后就着手提高公司的开放程度。当时，HCL 只是印度一家二线信息技术供应商，不仅员工流失率高，而且软硬件销售的盈利水平持续走低。在 2006 年度的公司年会上，纳雅尔宣布了一项"员工第一，客户第二"的企业文化变革。其中第一项改变就是跟踪各部门为员工服务的效率。

公司推出"智能服务台"，使得员工能够通过电子客票的方式快速获取行政管理部门的帮助。电子客票的解决方案将会实时跟踪，每个人都能够查看自己的进度。这种开放式的服务模式，不仅提升了工作效率，也彰显出公司领导层对于一线员工的关怀和支持。管理者应该对其直接下属负责，并积极接受 360°反馈，以期达到最佳绩效表现。纳雅尔曾明确表示，360°反馈不会对薪酬产生任何影响，这种紧密的反馈机制可以让大脑将结果和奖励联系起来，从而激发出更多的行动，以达到更好的绩效。

纳雅尔与 HCL 的领导层决定，以此来推动企业的发展，因此，双方决定定期录制一段精彩的视频，以便更好地展示企业未来的发展方向，同时也向所有员工传达这些信息。此外，纳雅尔也将与领导层共同前往印度以外 35 个不同的地区，召集所有人参加全体大会，以回应关于 HCL 未来发展方向的各种提议。虽然许多人选择了不参与，但雅尔仍然努力提升了整体的效果。为了更好地展示团队的实力，雅尔不仅邀请了许多优秀的同事，而且也邀请了许多其他优秀的同事，共同探讨了团队的发展趋势，并且提供了一个完整的评估体系，使得每个人都能够更好地了解团队的实际情况。谷歌、麦肯锡等知名企业的领导层都在积极推动 360 度的反馈机制，以帮助他们更好地完成其业务目标。如今，HCL 以其出色的业务能力，跻身世界顶尖的信息科技企业行列，其年度营业额超过 60 亿美元。

通过直接交流，可以获得较多的知识，而不必依赖于传输的形式。在我的研究中，通过与人类的直接交流，可以提升人们的专注程度，而不必依赖于传输的形式。此外，通过与人类的直接交流，可以提升人们的专注程度，从而达到真正的交流。在与他人进行直接接触的过程中，我们很容易被他人的身体动作、神态或者口头禅所吸引，这些都能够为我们提供更多宝贵的见解。为了让这些见解发挥出它的作用，建议你把握住每一个细节，并且尽量让它成为你的重要参考。通过与他人单独交流，可以大大提高沟通的效率。

通过面对面交流，我们可以更加深入地了解彼此，这也是一种投资，而且这种投资可以带来更多的回报，即使传达的信息可能不够令人满意，但直接向对方表达出来也是最佳选择。

六、尽可能减少不确定性

关于组织或企业将来会发生什么的不确定性带来的慢性压力会影响我们大脑的某些部分，从而打击我们的积极性和认知能力。不确定性会令我们对潜在的威胁高度敏感：我们要对身边的一切高度提防，因为危险可能无处不在。这就占用了大脑其他部分的神经带宽，降低我们的注意力和工作效率。我们还会失去合理评估未来事件和整合不同信息源的能力。不确定性让我们的大脑和身体处于高度戒备状态，让我们随时准备当狮子出现时赶紧逃命。在企业当中，"狮子"往往指的是解雇通知单。在严格的神经学上来讲，在面临高度不确定性的时候我们是不能正确思考的，遑论成为高效的团队成员了。

开放的思维可以让我们更好地把握未来，减少不确定性带来的压力。人类的大脑是一种探索模式的器官，如果没有一种可行的模式，我们就无法准确地认识自身所处的环境，从而受到外部压力的影响。员工需要清楚地了解自己所处的组织或企业的未来发展趋势，并且能够理解为什么它们会朝着同一个方向发展。通过与员工分享这些信息，我们可以帮助他们建立一个预测未来的模型，从而提高工作效率。尽管未来充满挑战，但员工仍然要有足够的信心和勇气去面对，并且为此做好充分的准备。

当员工知道自己的公司将何去何从时，他们可以广泛地分享这一信息。举个例子，开放程度高的公司往往允许自己的员工在社交媒体上谈论自己的工作。虽然需要有关于分享的相应规则，但是在推特、脸书、照片墙等社交媒体上分享工作上的事可以很好地对内和对外展现开放式企业文化。在 2000 年，美国太阳微系统公司的首席执行官乔纳森·施瓦兹开始在博客上记录太阳微系统公司的商业决策，甚至当公司被甲骨文公司收购后还在推特上用一首俳句（这里指的是日本的一种古典短诗）宣布了自己的辞职。美国西南航空公司创办了一个"网上饮水机"，这是一个叫作"西南航空狂热"的博客，员工可以在上面记录自己在工作和个人生活中的点滴。美捷步的员工还可以在上班时间在公司发推特。就连因自上而下式管理著称的微软公司，工程师现在也可以在社交媒体上分享关于自己项目的未经审查的视频和博客。随着社交媒体的普及和黑客攻击的日益增多，现在没有什么比保护个人隐私更重要的了。谷歌不仅仅是一个搜索引擎，它也是一个负责保护个人信息的机构。通过开放，我们可以让每个人都能够公开自己的信息，避免欺诈、盗窃和犯罪的发生。

我们还可以对客户也展示开放，讨论公司策略、新产品理念以及产品可用度等，从而建立公司与客户之间的强大联系。这种方式可以建立起四处推荐公司及产品的"狂热粉丝"。如果通过对信息进行扭曲加工或者是过滤而试图维护最佳形象，这样的公司往往会在真相浮出水面后遭到报应，搬起石头砸自己的脚。而真相总会浮出水面。如果一开始就开诚布公，又怎么会轻易地惹麻烦上身？

七、把开放作为默认项

美国在线调研平台采用了激进式开放来保证员工的高敬业度与协作精神。美国在线调研平台的首席执行官瑞安·史密斯曾说："我们雇用员工是让他们思考的。而员工想要思考的话，就需要得到公司发展方向和目标的信息。"该公司会向其1000多名员工分享各类报告、备忘录以及各项目信息，以让大家知道彼此手头的工作。这样员工就不用凑在饮水机旁打探各种小道消息。该公司还会定期举行喝彩，让表现最优秀的员工得到认可，并为其他人树立榜样和期望。史密斯认为，信息分享和喝彩可以帮助公司挽留住优秀员工。

当犹豫不决的时候，请把开放作为默认项。因为与试图隐藏信息相比，开放可以节省时间和精力。虽然这可能不符合大家的传统认识，但是只有当每个人都可以获取信息的时候，大家才会清楚每项决策背后的原因，避免措手不及。全食超市和乔氏超市会每季度向员工公布损益表，还会花钱为员工提供培训，保证每名员工都可以读懂损益表。这就能保证主管与员工之间关于各岗位创造价值真实信息的流动，还能将大家的注意力放在实现绩效目标上。

全食超市的创始人与首席执行官约翰·麦基就指示，全食超市还要分享门店运营的各种信息，以此来激励员工实现目标以及节省成本。而如果某一分店不能实现盈利的话，可能就需要搬家了。全食超市每家分店的运营方式就像是独立的公司一样，分店的团队自主寻求当地食物货源、招聘员工以及举行促销（即所谓放权）。而如果每家分店的管理人员没有得到开放所提供的衡量店铺成本、收入以及其他分店运行方式等信息，这种独立运营方式就不可能实现。开放可以让大家了解期望背后的原因，以及喝彩背后的努力。如果没有开放，员工就会偏执于各类小道消息和对未知的恐惧。

八、打造主人翁意识

譬如塞氏企业，它被列为高放权度企业的典型，其实该企业的开放度也相当高。塞氏企业会将工资和生产数据等信息在全公司分享。如果某位员工想继续留在某个工作小组内，必须得到之前与他共事的8~12同事的同意，而是否同意是基于该员工之前的绩效表现和成本。到了某一项目是否需要进行下一步的时候，"顾问"会收集各相关员工对该项目的意见，然后由员工投票决定。塞氏企业的创始人里卡多·塞姆勒相信，员工需要大量的信息来进行自我管理并为企业贡献价值。

晨星公司也在通过安装在各处的电子显示屏提供各种传感器传来的丰富的实时信息，其中既包括进入番茄种植园的卡车数量、每辆卡车上装载的成熟西红柿占比，还包括番茄加工的速率。而且整个企业都知道每个工作小组各自的目标。在参观晨星公司的工厂时，我被这些展现整个生产过程实时情况的显示器所深深吸引住了。还有人想偷懒吗？太少了，因为一旦偷懒，整个工厂的人都会看到。这样丰富的信息流鼓励员工在做决定时拿出主人翁的意识。

公共部门也可以建立开放的企业文化。2013 年担任华盛顿州政府企业服务部部长的克里斯·刘在上任伊始就着眼开放进行了一场企业文化的变革。刘首先放弃了自己的办公室，以把时间用在与各团队共同工作，为员工设立清晰的目标，以及以良师益友的方式为员工提供及时的反馈上。他还购买了软件在内部公开各项工作流程，并追踪各项任务进展的速度与质量。后来，他还将工作流程在网上对外公开，进一步增强了员工的责任意识。企业服务部下属的 100 多个团队每天都有碰头会，刘每个月还会安排州长杰伊·英斯利参加的全员大会。各部门的主管离开自己的办公桌，从下属员工那里获取并分享信息，并快速解决各类问题。结果如何？工作流程的平均步骤由 93 步降至了 6 步，返工概率下降了 35%，每月生产效率上升了 61%。

九、做到信息公开透明

如何在组织或企业当中推行开放呢？第一，领导者需要广泛地分享信息。每周设立期望的周会还应当讨论目标设立的原因等细节。第二，通过每天各小团队（5~7 人最佳，最多不要超过 15 人）的碰头会来进一步促进开放。如此可以分享切身关切的信息。第三，向杰尔·斯特德学习，定期提供解答所有人问题的会面机会。我们可以把会面称为"和查理一起畅享巧克力"或"和塔拉一起品茶"等，以此来突出会面的非正式和开放。在我自己组织的"和教授一起享用饼干"的会面当中，我就了解到很少接触的人们身上许多不可思议的事情。通过这种少量的时间投资，我所接触的人，我所在的组织以及我本人都获益匪浅。

为了更好地完成任务，我们需要将所有的工作流程和相关文件公开，以便大家查阅。就像全食超市的做法一样，员工可能需要相关的培训才能理解各种财务数据。但是只要将信息传达给员工，他们就会开始思考自己所做出的选择将如何影响组织或企业的重要目标。你所在的组织或企业是否有薪酬公式？像巴佛软件公司那样将工资的计算方式公之于众，可以解开员工的很多疑惑，减轻他们的一项主要压力。如果我们不想将确定薪酬的全部信息公之于众，可以公开每一薪资范围的员工人数。这样就兼顾了开放与隐私。一旦文件离开了董事会会议室，就可以考虑将之公开发布到网上，让顾客（以及竞争者）阅读。如果我们对自己的工作感到自豪，而且可以赢利，那么公开我们的战略内容与考量可以拉近与客户的距离，提高客户黏性，也不会让我们的竞争者占便宜。

企业内部所有不利于发展的行为都是内耗，其实还可以说，所有不利于发展的行为其实都是企业不能创造价值的"无价值行为"，这些行为消耗企业的资源与能量，却不能为企业带来相应的价值。

当然，有时候并不是所有最广义的内耗行为都能够被发现并消除的，这时候，企业就需要重点消除那些不但不能创造价值，反而阻碍企业创造价值的内耗行为，最明显的当然是争权夺利的内斗了。

但是，无论企业的内耗有多大的危害，企业要想发展，首先必须先想着发展，而不是先想着怎样避免内耗的出现。美国管理学家 H·吉宁指出，最大的失败源于人们对可能发生的错误的恐惧。企业最大的内耗也是害怕内耗，进而故步自封，难以自拔。在当今快速变化的时代，领导者必须拥有勇于接受挑战的精神，而不是被动地接受既定的模式，这才是最大的错误。

因为害怕内耗而不敢冒险，不敢创新，其实是领导者思维中最大的内耗人生最令人恐惧的一件事莫过于"把错事做得很正确"。在某些情况下，领导们可能会做出正确的决策，但这并不意味着他们一直都会遵循这一原则。然而，遗憾的是，许多领导仍然偏爱按照自己的习惯来行事。在这个信息爆炸的时代，一切都在不断变化，如果我们仍然坚持传统的做法，那么我们将注定无法取得成功。相应地，很多领导只要发现一件事风险太大，或者会导致内部分裂，马上就会避而远之。这样的行为，带来的只会是企业虚假的发展、形式的团结和实质上的堕落。

为了避免把"错事做得很正确"，领导应该及时行动起来，不要害怕犯错，不要害怕内部的反对声音，不要因为有人反对就畏首畏尾，只要目标明确，方法正确，那就坚定自己的信念。要知道，"最好的防守是进攻，最好的团结方式是不断发展"，在进攻中，所有的问题都不会轻易爆发，在发展中，大多数问题都会得到解决。

第五节　企业高层提升自我修养与自我管理能力

优秀的企业需要领导者具备良好的自我修养和自我管理能力。只有当领导者诚实可靠同时又不掩盖自己缺点的时候，组织或企业才能做到自然。82%的组织信任与"自然"有关。

在一次访问赫曼米勒公司位于美国密歇根州荷兰小镇的总部时，我不经意间看到赫曼米勒北美区总裁柯特·普伦（Curt Pullen）正坐在一间开放式的办公室（这是一间很棒的办公室）在自己的笔记本电脑上敲敲打打。我当时已经有一年没有见过普伦了，所以我停下来询问他可否打扰他一下。他说自己正在为下一年度的战略规划忙得焦头烂额，正好需要歇一歇，于是我们就去了赫曼米勒公司的咖啡厅喝了两杯拿铁。几名员工看到我们后向普伦问好，而普伦表现得非常亲切体贴。他身上所体现的领导行为正是神经科学认为建立信任文化所需要的：他热情又有能力，但也很随意（没打领带）和放松。他还能叫出每个人的名字。整个赫曼米勒的北美区都在他的掌控之下，但他完全没必要时时提醒身边人自己身居高位。

普伦把自然体现得淋漓尽致。当我们交谈的时候，他表现得平易近人、开诚布公而且聚精会神，对我有时比较突兀的观点也展示出浓厚的兴趣，而且他发自内心地善待身边的人。我们谈到了各自的孩子和抱负，还讨论如何将它们与自己的职业目标相融合。我感到自己非常荣幸能和普伦共度一个小时的时间，他负责的可是一个价值10亿美元的部门。

一、不要掩盖自己的弱点

作为社会动物，我们需要领导者。自然的领导者遇责任不推脱，有好处不独享，而且熟知组织或企业的一线员工和高层领导。领导者的素质可以解释下属敬业度的 70%的原因。本章就会用科学阐述和实例分析来探讨如何成为一名自然的领导者。

我们都能轻易地看出卖万灵油的骗子。正因如此，要想领导一个信任度高的组织或企业，领导者本身必须值得信赖。他们要做的不仅仅是喊喊口号，还要在身体力行当中展现信任。我的实验室进行的神经科学实验证实，领导者展现自己的缺点可以有效地建立信任。相信很多读者都认为这个观点有些离奇。没关系，大家再往下看就会恍然大悟。

领导者并不是万能的神灵，而是在为组织或企业尽自己所能做到最好的凡人。自然的领导者会坦然面对自己的弱点，而且不会藏着掖着。缺点也可以是一种优势，因为它提醒我们团队合作的重要性，而不能支配他人。红帽软件公司（Red Hat）的首席执行官吉姆·怀特赫斯特（Jim Whitehurst）曾说过："我发现，遇到自己不了解的事情就坦然承认，这种做法起到的效果与我之前想的恰好相反。它反倒可以帮助我树立威信。"谷歌的团队经理马特·坂口（Matt Sakaguchi）在一场讨论团队摩擦的异地会议上也发现了这一点。马特坦白了自己在数年间一直在与四期癌症作斗争，而且情况仍然没有好转。在马特自揭伤疤之后，其他团队成员也开始吐露自己所面临的问题。到了会议结束的时候，团队的不愉快早已成为过去，马特也作为有效的管理者得到了大家的热烈拥戴。

大多数领导者都把寻求他人帮助视为畏途。可能他们假定如果放下之前命令的口吻，转而请求别人的帮助是一种软弱的表现。而根据所进行的实验，展现自己的弱点可以让观察者释放催产素，激励他们为了实现组织或企业的目标更加努力地工作。作为自然的领导者，应当日常向身边主动性强的员工寻求帮助，因为这样可以激发我们人类寻求合作的天性。尤其是当高产和放权已经落实的时候，寻求帮助更显得尤为重要。像独裁者一样只追求结果是通过恐惧来实现领导，而在设立清晰期望的同时寻求帮助则是仰仗信任来领导。美国高通公司的首席执行官史蒂芬·莫伦科夫（Steven Mollenkopf）认为自己身上最重要的领导属性就是勇于承认"这个问题我解答不了"。

这种方法也有行不通的时候，那就是当组织或企业面临重大危急的时刻。此时，领导者需要做的就是要求改变。但是除此之外，承认自己并不能给出所有问题的答案是一种提高员工参与的有效方式。低下头来寻求别人的帮助也可以让领导卸掉能解决一切问题的重担。对于组织或企业来说，战略规划是领导层对前进方向的最佳评估。我们必须把它当作是一场实验。如果有些战略未能实现，自然的领导者会承担起责任，然后采取另外的方针。

二、管理者以自我为中心，增加了隐性成本

自然背后的科学非常有趣。那些社会地位高的人，不论男女，体内的睾酮水平长期处于高位。睾酮会让我们变得自私并丧失同理心。这两大缺点对于构建信任来说都是需要克服的障碍。睾酮水平过高不仅仅会体现在我们的行为上，还能体现在我们的身体本身。那些高大健壮的人的大脑在年轻时候就大量摄入睾酮。在各行各业的公司高管当中，阿尔法男女随处可见。在美国，身高达到 6 英尺（182.88 厘米）的男性占 14.5%。而在《财

富》杂志评选出的 500 强企业的男性首席执行官当中，有 58% 都在 6 英尺以上。我们可以很轻易地得出一个结论：领导一家组织或企业会削弱我们成为自然的领导者的能力。

生物学的因素就摆在那里，我们又能怎么做呢？首先我们需要认识到问题的存在。只有认识到问题的存在，我们才能观察并改进自己的反射性行为。抑制自私固执的冲动需要很大的努力，但也是可以做到的。大脑是一个消耗巨大能量的器官，所以通过设立默认回路来节约卡路里，而默认回路一旦形成便很难改变。这就是我们的习惯背后的神经科学。改变自己的习惯固然很难，但是只要有意努力并且不断接受身边人的反馈，我们都能做到。或者可以像迈克尔·戴尔那样给自己请一位高管顾问，帮助自己从之前习惯中解脱出来，并代之以新的习惯。

三、不完美的人设以及"出丑效应"

说出来大家可能不信，自然的领导者都能欣然接受自己的不完美之处。这句话听起来有些费解，但确实有其道理。心理学家发现，当人们犯错之后，受喜爱度会增加，并把这种现象称之为"出丑效应"或"仰巴脚效应"。比如，约翰·F·肯尼迪总统在 1961 年古巴"猪湾事件"以闹剧收场后声称对该事件负全责，之后肯尼迪的受欢迎度得到了提升。这次"出丑"展示了他在努力做出最佳的决定，并且需要美国人民的支持。早在 20 世纪 60 年代就有实验发现，看起来完美无缺的人会引起他人的反感，大家喜欢的是那些展示出和自己一样有钦点的人。那些试图维护自己完美无缺的人设的领导者往往会被认为是不够牢靠的。

在错误面前勇于承担责任可以展现自己值得信赖。比尔·克林顿总统在被大陪审团质疑自己就与莫妮卡·莱温斯基的关系所做证词的时候含糊其词："这要取决于'是'这个词的意思是什么。"还有理查德·尼克松总统在被问到"水门事件"的时候不痛不痒地承认"错误就这样产生了"。反观史蒂夫·乔布斯所言：每个人在创新的时候都会犯错。

一旦犯错，不要犹豫，你最好赶快承认错误.并投入到完善你的另一个创新当中。以上这两种领导者，谁的位子坐得更稳？谁能激发更强的信任和信心？答案不言自明。正如彼得·德鲁克所言："职务并非赋予特权或权利，而是带来责任。"

此处需要提醒大家，只有能力得到认可的领导者才能在展现自己不完美之处时促进信任.本身就缺乏能力的领导者向别人求助的时候只会影响别人对他的信赖。

四、企业文化需要领导者的率先垂范

企业文化往往会反映企业创始人和现任领导者的行为特点和个性。领导者制订组织或企业的工作日常，对企业文化起到正面或负面作用，同时也是企业文化内外的标杆。麦肯锡管理咨询公司发现，有一半的企业文化转变失败是因为领导者没有率先垂范，或者是员工当中的阻力过大。这就与我个人的经验不谋而合：想要转变企业文化，高层领导者必须身体力行。

即使是医生等很大程度上能进行自我管理的职业，领导者的素质也会影响下属的敬业度。46%的医生都认为自己被过度工作折磨得疲惫不堪。美国的梅奥医学中心（Mayo Clinic）研究发现，医生对管理层领导能力的评分（总分60分）每提高1分，医生的工作倦怠程度就可以下降3.3%。

如何成为一名自然的领导者呢？其实领导力像其他工作技能一样，都可以不断提高。本章接下来将为大家提供一些好的例子。如果你觉得例子当中的做法不符合自己的习惯也没关系，只要做得充分，这些做法早晚会习惯成自然。

五、展现真实的自己

自然的领导者会让大家看到自己最真实的一面。遮掩得再隐秘的事情也早晚有浮出水面的一天，所以不妨在这方面少费心思，顺其自然。在2013 年下半年的一次全员大会上，美捷步的首席执行官谢家华打扮得像美国女星麦莉·赛勒斯一样上台模仿她在美国音乐录影带奖颁奖典礼上表演的怪异电臀舞。在场的每个人都笑了（包括谢家华自己），等到他接下来勾勒美捷步在下一年的发展蓝图的时候，每个人都怀着放松的心情。

2014 年，苹果公司的首席执行官蒂姆·库克在发表在《彭博商业周刊》(Bloomberg Businessweek) 的文章中宣布自己是同性恋。这种公开自己私密的举动增强了库克作为一名自然的领导者的声誉。库克深知有些人可能会反感自己的同性性取向，但还是选择了坦然面对。他这种乐于公开个人生活的举动帮他赢得了几乎所有人的赞扬。

在阿根廷一家市场调查公司，我发现了一种展示最真实自己的绝佳方式。当我从该公司老总手里接过他的名片的时候，我发现他在名片上印的是自己在孩提时坐在小马上的照片。有人可能会觉得让人看到自己小时候的搞怪照片挺尴尬的，但这种介绍自己的方式足够坦率。其实，该公司每名员工的名片上都是自己小时候的照片，和骑着小马的老总一样。我后来了解到，这家公司发现，这样的名片让员工彼此之间更加亲近，而且还能提醒大家都是大孩子。我们都是凡人，有什么古怪之处没必要藏着掖着。

六、不要自己说了算，让员工变成执行的机器

领导者需要不断获取新信息，并广泛地分享信息。当高层领导乐意与

员工会面并向大家打开心扉的时候,信息在公司内部自上而下以及自下而上的双向流动将更为流畅。美国基金管理公司先锋集团(Vanguard Group)的前任首席执行官杰克·布伦南(Jack Brennan)时常和员工一起进餐,听取他们的意见。共同进餐可以降低员工面对老板时的紧张感,因此大家可以将布伦南看作团队的一员。布伦南曾表示,"人们会观察(自己的领导),然后模仿他,不管是好是坏"。自然的领导者会接触各个级别的下属和员工。你知道自己公司保洁人员的名字吗?他们和公司其他所有人同等重要,掌握着重要的一线信息。

反观我曾担任顾问的一家美国南部的商务服务公司,这家公司就采取了截然不同的做法。这家公司的园区很大,许多会议室都是用退休高管的名字命名的。为什么不用一位在该公司工作了 30 年的清洁工的名字来命名一间会议室呢?对员工进行认可能够彰显:每个人在实现组织或企业目标的过程当中都很重要。

自然的领导者了解员工的方式是让自己被对方了解。和大家分享自己的价值观和经历,讨论组织或企业对自己的重要性在哪,以及和他人建立情感上的联系。我们甚至可以用一个拥抱来和员工打招呼,这样可以刺激催产素的释放。只要我们可以让身边人的催产素流淌起来,他们就会相仿相效。

七、相互尊重,体现亲切感

如果一位领导者的称呼不包括职务,那么他就会更加平易近人。

1999 年,中国的台式电脑生产商联想公司正在进军全球市场,但是这家中国企业的企业文化有着非常浓厚的中国特色。遇到发言的场合都是按照职务高低依次发言。每次开会的时候都要上茶水。职务头衔也被视为是最重要的。总裁杨元庆就被大家称作"杨总裁"。为了促进信息的自由流动并加强创新能力,杨元庆着手转变联想的企业文化。他首先做的就是在联想北京总部的大厅里连续转悠了一个多星期，身上贴着牌子"大家好，我的名字是杨元庆"，与每个进门的人握手。他还请员工们直呼他的名字。此外，他还将联想的官方语言改为英语。

杨元庆采取的措施奏效了。联想公司逐渐发展成一个全球巨头，台式电脑的发货量高居全球第一。联想的年收入高达 460 亿美元。"喝彩"也深深地植根于联想的企业文化当中。2012 年，杨元庆将公司发给他的 300 万美元奖金分给了 1 万名员工。著名的财经杂志《巴伦周刊》（Barron's）将杨元庆评为"全球最佳 CEO"之一。

八、工作在前线

作为领导者，完全没必要把自己关在办公室里享受清净。领导者需要不断地获取信息，而自己拿到的第一手信息才最有价值。美国西南航空公司的创始人赫布·凯莱赫经常和行李搬运工一起装卸行李，在飞机上为乘客供应饮料，还会戴着古怪的帽子或是穿着搞笑的衣服出现在机场逗大家笑，让大家放松。《财富》杂志将凯莱赫评为"全美最优秀的 CEO"之一，因为他不仅与和客户打交道的员工们打成一片，而且还是以轻松有趣的方式。美国最好的医院之一克利夫兰医学中心就要求高管们进行"领导寻访"，定期与和病人打交道的医生一起工作。在圣诞节期间，美捷步的所有员工都要接听 10 个小时的客户电话，就连首席执行官谢家华也不例外。谢家华在接听顾客电话的时候不会亮明自己的身份，而且和所有人一样在这 10 小时内与客服团队坐在一起。

当豪尔赫·马里奥·贝尔格里奥（Jorge Mario Bergoglio）被选为罗马天主教会的教宗，并改名为方济各之后，他就决定在梵蒂冈的员工食堂内用餐。教宗方济各每次都是拿着餐盘排队打饭，然后和梵蒂冈的仓库管理员们坐到一桌，和大家讨论足球。方济各非常谦逊，而这一性格特点让他非常平易近人。

到一线去观察组织或企业的运转被称为"后方领导"。自然的领导者可以意识到自己是别人成功的促成者，而不是组织或企业的无所不能的指挥官。这一点可以通过将别人放在镁光灯下来实现。詹姆斯·梅纳德·基南（James Maynard Keenan）是 Tool 乐队的主唱，他在演出的时候总是站在舞台的后方，而乐队的鼓手和贝斯手则在前排演奏。此外，基南在演唱的时候总是对着舞台后方的幕布，或者是两边，而不是直面观众。他可是乐队的主唱，但是他这种驾轻就熟的表演方式真正做到了将镁光灯让给别人。

九、诚实与信任

自然的领导者通过诚实来维护自己的信誉。如果我们假装自己无所不知无所不晓，早晚我们知识当中的漏洞会露出马脚，我们所做的其他努力也会因此蒙上一层阴影。美国威瑞森电信公司（Verizon）的首席执行官洛厄尔·麦克亚当（Lowell McAdam）一言以蔽之："诚信就是你的品牌。"诚实还能改善我们的健康。在一项研究当中，与对照组相比，被要求在 5 周内尽量避免说谎的受试者的咽喉痛、头痛和恶心反胃等症状明显要少。诚实为上策。为什么这么说呢？诚实是一个简单的认识过程，与说谎或逃避真相相比占用的宝贵神经资源更少。所有的谎言都有被揭穿的一天。既然如此，当初何必枉费心机呢？

说到底，诚实可以产生信任。就连以强硬著称的通用电气公司首席执行官杰克·韦尔奇都认识到了这点："领导力的升级版就是……信任再加上信任。"

十、有温度的领导力

《哈佛商业评论》的一项全球性研究发现，尊重他人是影响员工对组织或企业目标的敬业度的最重要领导行为。自然的领导者能以不引起他人不快的方式设立较高的期望。网飞公司的首席执行官里德·哈斯廷斯曾表示自己的公司不欢迎"不受人待见的天才"，因为没人愿意与他们共事，而且他们"有效团队合作的成本"过于高昂。惠普原首席执行官卡莉·费奥莉娜（Carly Fiorina）曾说过："粗鲁的方式永远不会奏效。"作为领导者，展现自己对员工的尊重就包括每次开会都按时开始、准点结束。我在几年前开始这么做，很快守时准点就渗透到了我们的所有工作当中。如果我们事先已经落实了放权，还可以将每次会议尽量缩短，甚至是允许员工自行决定是否参加，以此来展现尊重。除了全员大会应当尽量全员参加以外，如果员工们在自己管理项目，那么他们可以自行决定某个会议是否值得参加。强制与会代表这样一种暗示：你比员工更知道如何管理他们自己的时间。

十一、善用比自己能力强的下属

尊重他人的一个重要方面是认可他人的才能并给予适当的酬劳。换句话说就是领导者拿到的钱不要高的离谱。彼得·德鲁克在 2011 年写给美国证券交易委员会的一封信当中提到："我经常向管理人员建议，如果他们不想让自己的员工心怀愤恨或是士气低沉，高管与员工的薪酬比就不要超过 20:1。"2015 年，美国标准普尔 500 指数当中的大企业首席执行官拿到的平均年薪高达 1 380 万美元，而这些企业员工的平均年薪仅为 7.78 万美元，首席执行官与员工的薪酬比高达 204:1。比德鲁克提出的标准超出了太多。

提到自然的领导者，美国第二大零售商好市多（Costco）的创始人吉姆·西格尔（Jim Sinegal）就是一个优秀的例子。身为公司的创始人，他的年薪仅 35 万美元，就连公司的董事会都认为他的这份年薪太低了。他的年薪是好市多普通员工的 10 倍，是收入最高的店长的 2 倍。吉姆每天上班的时候都佩戴着自己的好市多姓名牌，每个月至少有一天是到一线零售店去工作。他的一举一动无不在展示自己是一个具有团队精神的人。很自然地，大家都发自内心地喜欢吉姆，并乐意为他努力工作。其中一个迹象是，好市多的失窃率（包括顾客与员工偷窃）是行业平均水平的十分之一。

　　薪酬、奖金和股票期权等信息是包不住的，迟早会被全公司的人知道。如果领导层拿的薪酬过高，尤其是当他们一边拿着高薪酬一边要求员工勒紧裤腰带的时候，信任的基础就会动摇。确切地说，公司高层拿的年薪越高在位时间越长，公司的表现越不尽如人意。不管是在股票市场还是在会计业绩方面。这一条"不要给公司高层过高的报酬"建议与人们传统的认识恰好相反。人们往往认为，为了取得最佳的业绩表现，就要花钱雇用最优秀的管理层。这是管理学当中的 X 理论。而几乎所有关于员工激励的研究都支持的是 Y 理论：内在激励比金钱激励更为强力有效，且更为持久。过高的薪酬会刺激领导者的睾酮释放，由此导致他们在进行决策的时候过于自信，不能很好地听取他人的意见。如果领导者的薪酬与员工相比过高时，他们思考问题的角度就由"我们"变成了"我"。

　　信任度高的组织或企业注重的是"我们"，而不是"我"，即团队凌驾于个人之上。领导者需要不断自我审查，像其他人一样推起袖子冲锋陷阵。如果你是一家公司的创始人或是曾长期担任领导层职务，那么你很有可能享有股东权益。这自然是你应得的。但是除此之外，如果你想把企业的信任文化维持在较高水平，就把自己的薪酬控制在合理的范围之内。

十二、共享式领导

　　凯旋公关策划集团（Ketchum）通过调查发现，"明星式"领导正在逐渐被"共享式"领导取代，后者可以对各个层级的员工赋能。推行放权的组织或企业当然应当要求每个人都扮演领导者的角色一，以及被领导者的角色。如果一个企业的信任文化很高，每个人都能在不同时间、不同地点承担起领导责任，所以自然对每个人都很重要，不仅仅限于高层领导。

自然可以建立一种人人皆可担当领导大任的企业文化。为达到这一目的，可以为组织或企业每个层级的员工提供正式的领导力培训，还可以通过更为润物细无声的方式让一线员工感觉到自己是高层领导的"服务对象"。有些公司的领导会给员工洗车，为他们带早饭，甚至给他们擦鞋。美国快餐连锁店福来鸡（Chick-fil-A）的首席执行官丹·凯西（Dan Cathy）就是这么做的。谦逊是一种非常吸引人的美德。

参考文献

［1］［英］雷吉斯特，拉尔金. 风险问题与危机管理［M］. 谢新洲，等译. 北京：北京大学出版社，2005.

［2］郭惠民. 危机管理的公关之道［M］. 上海：复旦大学出版社，2006.

［3］许芳. 如何进行危机管理［M］. 北京：北京大学出版社，2004.

［4］李洪伟，高化文. 巧化危机——小管理丛书［M］. 北京：科学技术文献出版社，2006.

［5］青平. 现代企业的新型管理模式：冲突管理［J］. 科技进步与对策，2002（10）：51-53.

［6］孙玉麟，六西格玛管理在高科技企业的应用，广东省企业管理现代化实践［M］. 广州：中山大学出版社，2006：303-311.

［7］占德平，张炳林. 企业文化构建的实证性研究——对四个不同类型企业的调查与分析［J］. 管理世界，1996（5）：204-210.

［8］杨鹏. 三种不同的"天人合一"——关于体制改革的另类思考［J］. 企业家与社会，2005（2）：51.

［9］梅慎实. 现代公司机关权力构造论——公司法人治理结构的法律分析［M］. 北京：中国政法大学出版社，2000：29.

［10］马克思.《资本论》第1卷［M］. 北京：人民出版社，1975：398.

［11］周振林. 领导冲突及其调适［M］. 北京：中共中央党校出版社，1996：58.

［12］杨帆. 情绪感染理论视角下的组织内耗机理探析［J］. 领导科学，2018（11）：30-32.

［13］黄丹，席酉民. 和谐管理理论基础：和谐的诠释［J］. 管理工程学报，2001，15（3）：69-73.

［14］席酉民，韩巍，葛京，等. 和谐管理理论研究［M］. 西安：西安交通大学出版社，2006.

［15］刘鹏，席酉民. 基于和谐管理理论的多变环境下可持续竞争优势构建机理研究［J］. 管理学报，2010，7（12）：1741-1748.

［16］韩巍，席酉民. 和谐管理组织理论：一个探索性的分析框架［J］. 管理学家（学术版），2008（1）：3-16.

［17］席酉民，张晓军. 从不确定性看管理研究逻辑及和谐管理理论的启示［J］. 管理学报，2010，7（1）：1-6.

［18］王亚刚，席酉民，尚玉钒，刘鹏. 复杂快变环境下的整体性应变工具：和谐主题［J］. 管理学报，2011，8（1）：19-27.

［19］［美］彼德·德鲁克. 大变革时代的管理［M］. 赵干城，译. 上海：上海译文出版社，1999.

［20］樊耘，李随成，齐捧虎. 管理学［M］. 西安：陕西人民出版社，2001.

［21］［美］H. A. Simon. 管理行为［M］. 詹正茂，译. 北京：机械工业出版社，2004：1.

［22］吴彤. 复杂性概念研究及其意义［J］. 中国人民大学学报，2004，12（5）：29.

［23］［美］托马斯·S·贝特曼. 管理学［M］. 王雪莉，译. 北京：北京大学出版社，香港：科文出版有限公司，2001.

［24］［英］查尔斯·汉迪. 非理性的时代：掌握未来的组织［M］. 北京：华夏出版社，2000.

［25］［美］普华永道变革整合小组. 管理悖论——高绩效公司的管理革新

［M］. 徐京悦，杨力，译. 北京：经济日报出版社，2002.

［26］杨莉. 基于和谐管理思想的复杂管理问题求解研究［D］. 西安：西安交通大学，2003.

［27］［美］A. Mintzberg. 战略历程：纵览战略管理学派［M］. 刘瑞红，徐佳宾，郭武文，译. 北京：机械工业出版社，2001.

［28］Harold. The management theory jungle revisited［J］. Academy of Management Review，2005（2）：175187.

［29］崔之元. 美国二十九个州公司法变革的理论背景［J］. 经济研究，1996，336（4）：35-40.

［30］和谐管理研究课题组. 和谐管理理论的研究框架及主要研究工作［J］. 管理学报，2005，2（2）：145-152.

［31］张维迎. 产权安排与企业内部的权力斗争［J］. 经济研究，2000（6）：41-50.

［32］胡君辰，陈戈风. 冲突管理［M］. 上海：上海达东出版社，2004.

［33］孙玉麟. 如何消除窝里斗［J］. 企业管理，2004，（3）：60-61.

［34］李高峰. 论管理中的内耗［J］. 问题研究，2002（10）：61-62.

［35］孙玉麟. 内耗追根与治理［J］. 管理者，2006（8）：66-68.

［36］姚艳红. 企业人力资源内耗影响因素分析［J］. 长沙通信职业技术学院学报，2002（9）：14-15.

［37］郭云珍. 企业文化与管理行为的误区及其矫正［J］. 经济与管理，1994（5）：24-26.

［38］覃厚科. 国有大中型企业领导班子内耗与对策探讨［J］. 探索，2004（6）：7-8.

［39］J.P. 吉尔福特. 创造性才能：它们的性质、用途与培养［M］. 施良方，等译. 北京：人民教育出版社，1991：144.

［40］罗伯特 K. 默顿. 社会理论和社会结构［M］. 唐少杰，齐心，等译. 南京：译林出版社，2006：153.

［41］郭士伊，席酉民. 和谐管理的智能体行为模型［J］. 预测，2004（2）：9-13.

［42］唐方成，马骏，席酉民. 和谐管理的耦合机制及其复杂性的涌现［J］. 系统工程理论与实践，2004，24（11）：68-75.

［43］曾宪聚，席酉民，杨百寅. 组织协作秩序的扩展及其知识逻辑——和谐管理理论的视角［J］. 管理学家：学术版，2008（3）：207-226.

［44］温思美. "不对欲信息" 经济理论开创性研究——2001 年诺贝尔经济学奖述评［J］. 学术研究，2001（11）：41-45.

［45］郑长德. 信息经济学的三剑客——2001 年诺贝尔经济学奖评述［J］. 西南民族学院学报（哲学社会科学版），2001，22（11）：41-45.

［46］周建波. 中国管理学建构与演化——基于哲学四分法与管理文化结构的推演［J］. 管理学报，2008，5（6）：781-791.

［47］周建波. 基于中国管理环境的当代企业运行模式［J］. 管理学报，2010，7（1）：1637-1645.

［48］周怡. 贫困研究：结构解释与文化解释的对垒［J］. 社会学研究，2002（3）：49-63.

［49］孙海法. 领导策略与团队管理［M］. 广州：中山大学出版社，2003：51.

［50］张丽华，李元墩，杨德礼. 合资企业的跨文化冲突及其管理［J］. 大连理工大学学报，1999，20（2）：25-33.

［51］斯蒂芬 P. 罗宾斯. 组织行为学［M］. 北京：中国人民大学出版社，2005.

［52］彼得·康戴夫. 冲突事务管理——理论与实践［M］. 北京：世界图书

出版公司，1998.

[53] 时巨涛，马新建，孙虹. 组织行为学［M］. 北京：石油工业出版社，2003.

[54] 马新建. 冲突管理：基本理念与思维方法的研究［J］. 大连理工大学学报（社科版），2002（3）：19-25.

[55] 马新建，时巨涛. 人本管理功能与人力资本属性［J］. 东南大学学报（哲学社会科学版），2002（2）：34-38.

[56] 世界银行. 2011 年世界发展报告：冲突、安全与发展［M］. 胡光宇，赵冰，译. 北京：清华大学出版社，2012.

[57] 张米尔，武春友. 资源城市产业转型障碍与对策研究［J］. 经济理论与经济管理，2001（2）：11-14.

[58] 孙海法，伍晓奕. 企业高层管理团队研究的进展［J］. 管理科学学报，2003，6（4）：82-89.

[59] 朱红军. 我国上市公司高管人员更换的现状分析［J］. 管理世界，2002（5）：126-131.

[60] 吴维库，刘军，张玲，等. 以价值观为本的领导行为与团队有效性在中国的实证研究［J］. 管理世界，2002（8）：97-104.

[61] 刘军，吴维库，刘益. 我国企业领导价值观传递模式研究［J］管理工程学报，2006，20（4）：1-8.

[62] 刘学."空降兵"与原管理团队的冲突及对企业绩效的影响［J］. 管理世界，2003（6）：105-113.

[63] 刘军，富萍萍，吴维库. 企业环境、领导行为、领导绩效互动影响分析［J］. 管理科学学报，2005，8（5）：61-68.

[64] 欧阳慧，曾德明，张运生. 国际化竞争环境下 TMT 的异质性对公司绩效的影响［J］. 数量经济技术经济研究，2003（12）：125-129.

［65］张平. 高层管理团队异质性与企业绩效关系研究［J］. 管理评论，2006（5）：54-60.

［66］孙海法，姚振华，严茂胜. 高管团队人口统计特征对纺织和信息技术公司经营绩效的影响［J］. 南开管理评论，2006（9）：61-67.

［67］魏立群，王智慧. 我国上市公司高管特征与企业绩效的实证研究［J］. 南开管理评论，2002（4）：16-22.

［68］富萍萍. 高新技术企业中的高层管理团队的特征和过程［A］. 中国企业管理的前沿研究［C］. 北京：北京大学出版社，2004：313-337.

［69］李华晶，邢晓东. 高管团队与公司创业战略：基于高阶理论和代理理论融合的实证研究［J］. 科学学与科学技术管理，2007（9）：89-92.

［70］黄晓飞，井润田. 我国上市公司的实证研究：股权结构和高层梯队与公司绩效的关系［J］. 管理学报，2006（3）：111-113.

［71］程贯平，刘海山. 高层管理团队理论模型的发展［J］. 现代管理科学，2009（3）：145-148.

［72］孙海法，伍晓奕. 企业高层管理团队研究的进展［J］. 管理科学学报，2003（4）：19-22.

［73］徐细雄，万迪昉，淦未宇. TMT 构成对组织产出影响的国外研究进展及对我国国企改革中高管团队构建的启示［J］. 管理工程学报，2007（4）：76-79.

［74］刘树林，唐均. 差异性、相似性和受教育背景对高层管理团队影响的国外研究综述［J］. 管理工程学报，2004（2）：97-98.

［75］张平. 国外高层管理团队研究综述［J］. 科技进步与对策，2006（7）：8-11.

［76］黄旭，李卫民，王之莉. 企业高层管理团队与企业战略关系研究述

评 [J]. 河北经贸大学学报，2011（2）：33-35.

[77] 孙俊华，贾良定. 高层管理团队与企业战略关系研究述评 [J]. 科技进步与对策，2009（9）：71-72.

[78] 陈灿，叶敏. 信任与战略决策效果：对中国家族企业高层管理团队的一个实证研究 [J]. 商业经济与管理，2006，8：23-28.

[79] 郎淳刚，席酉民. 信任对管理团队决策过程和结果影响实证研究 [J]. 科学学与科学技术管理，2007（8）：170-174.

[80] 毕鹏程，朗淳刚，席酉民. 领导风格和行为对群体决策过程和结果的影响 [J]. 西安交通大学学报（社会科学版），2005（6）：77-78.

[81] 郭毅. 日常经济生活中行动者的社会资本——求职的关系逻辑及管理学的创新途径 [M]//载郭毅、罗家德. 社会资本与管理学. 上海：华东理工大学出版社，2007：86-100.